U0871520

微国学系列之

论语的力量

张建云 著

山东友谊出版社

自　序

有大学生问，什么书能帮我成长、成熟和成功呢？我说，读《论语》吧。

有企业家让我推荐一本管理的书，要一读就懂，一用就灵的。我说，读《论语》吧。

有家长困惑，说孩子不好管，特立独行，我行我素，大人急呀！我说，读《论语》吧。

有夫妻日子过久了，动辄争吵，动辄冷战。丈夫眉头紧锁，问我如何重回幸福？我说，读《论语》吧。

朋友当市长了。虽然财政不宽裕，也想给市民办点好事。但做啥好事呢？我说，老百姓都想干的事就是市长要做的事。去支持他们，关心他们，不就是最好的事嘛！

朋友特高兴，说还想让干部有动力而不贪婪，有胆量也不骄傲，有威严还受人尊敬。我说，读《论语》吧！

《论语》，特像生活里的百科全书。遇到啥问题，基本上可以从中找到答案。可以说，生活无处不《论语》！

对《论语》的解读，最好不枯燥，还清新。若再世事洞明、妙语哲思、深入浅出、兼采雅俗就更好了。

尽量，让《论语》如春意拂面，温馨明朗；似细雨入夜，润物无声。让身在忙碌、浮世中的人，有皓月当空、清风徐徐之感。

原来，《论语》可以这样阅读！

目　录

孝篇第一

悌篇第二

忠篇第三

信篇第四

礼篇第五

义篇第六

廉篇第七

耻篇第八

孝篇第一

无耻的忙碌

一早接到母亲电话，问我胃口好些了吗。奇怪，胃口没问题呀。她说上次我回家胃不舒服，一直记挂，再次叮嘱少喝酒，多休息。忽然记起，已经月余没回家看父母了，也没打电话，难怪妈会惦念。

有点脸红。

是忙。忙得有点刺促不休。但再忙也能闲暇片刻，打个电话没时间吗？有。没打。为何没打？忘了。为何忘了？觉得不用打。忙碌是理由，也是借口。任何事情都可以权衡利弊，重要的、着急的、喜欢的放在前面去做，而对父母的问候和看望总是放在最后。生活里还有什么比父母重要？工作、功名、创作、读书、出差、讲课，甚至朋友相聚、妻儿同游，似乎都重要，因为我们每天在为这些忙，忙得挤占了给父母去电话的时间。

父母，却闲得寂寞，念儿心切。

一阵轻责袭击来。

苍老的父母在电话那头说着试探的话，没事，就是看看你在干吗。儿女信以为真，说没事就挂吧。于是，父母回味着挂断的忙音，轻叹一声，继续清闲。

或许，他们给你打电话前也要思量许久。考虑你是否正在忙碌，正在开会，正在上课，正在吃饭，正在唱歌，正在陪客户、陪朋友、陪伴恋人、陪朋友的朋友……电话拿起又放下，拨通又挂断，听到声音欲言又止，因为父母知道你忙。一对闲得发呆，闲得无聊的老人怎好意思去打扰忙碌的、充满活力的、满心欢悦的年轻人呢?

感觉自己特孤独，是忙碌的孤独。失去父母的孩子，哪个不孤独?感觉自己特无耻，是忙碌的无耻。忘却父母的孩子，个个都无耻。

她记得你身上的病，而这病是连你自己都忽视的，电话那头的父母却牢记在心。把自己都忘记的人，会记得别人的喜乐、记得父母的健康吗?

父母爱，皆无声。即使我们再忙!

【原文】

子曰：父母唯其疾之忧。

【出处】

《论语·为政第二》

【大意】

孔子说：做儿女的，尤其要为父母的疾病担忧。

【用途】

给父母打个电话吧，现在，一会儿，或明早。

你也会老

妻子的妈，女儿与儿子喊姥姥。我有时喊“姥姥”，有时喊妈。妻子妈的妈，是妻子姥姥，我也喊姥姥。

妻子带着孩子姥姥到医院看病，姥姥没人照料。于是，我临时肩负为姥姥做饭的工作。饭做熟了，我与姥姥说，咱娘俩谁吃得慢，谁刷碗?

与老人开玩笑也是孝敬的方式吧。

我国老年人越来越多。故事说，一大学生在公园看到一70多岁老人哭泣。上前关怀，您为啥哭呀？老人哭得更厉害，边抽噎边说，我爸打我。70多岁，父亲还健在，真是长寿。大学生好奇，问，您爸为啥打您？因为，因为我不孝敬我爷爷……

中国已经步入老龄化社会，养老是个压力。压力在于还没有准备好，我们已经老了。你以为你老了，有人比你还要老。这不，岳母去看病，姥姥在家无人照料。

养儿防老，是中国传统。但，养儿不防老的，让父母防不胜防。有的因为子女多，互相推诿。有的因为儿女穷，手头拮据。有的因为儿女半道夭折，有缘无分。

养老，要靠政府力量，社会关怀，儿女孝道。

香港建立了国民年金制度，70岁以上的人，无论性别、职业、贫富，拿着身份证就可以申领。

美国、加拿大有“倒按揭”养老。60岁以上的老人把房子抵押给有政府背景的公益性机构或是金融机构，由其一次性或分期支付老年人养老金，老人去世后房屋由这些机构处理，“剩余价值”（房价减去已支付的养老金总额）交给其继承人。

在我国也有众多养老院。但养老不等于孝敬。一个只知养老，不懂孝敬的民族很可怕。

可怕之处在于每个人都会找理由把老人托管出去。给他另一种衣食住行。眼不见，心安然；是死活，当别论。

不是反对机构养老。但，作为儿女不能失去孝敬之心。不然，人们越来越爱钱，因为钱可以解决养老之忧。人们越来越爱狗，因为狗可以解除寂寞之苦。

要使社会和谐有个根本的解决办法：提拔干部，考察其对父母的孝敬情况；评选三好学生，考察其对父母的关心程度；各种大赛，不孝父母者，虽胜犹输。

【原文】

子曰：今之孝者，是谓能养。至于犬马，皆能有养。不敬，何以别乎？

【出处】

《论语·为政第二》

【大意】

孔子说：今天许多人把孝单纯理解为赡养父母。狗和马不也有人养吗，如果不尊敬父母，与养狗养马有什么不同呢？

【用途】

不孝父母，自掘坟墓。孝敬父母，可以解忧。

您身边有禽兽吗?

弟子问禅师：为什么有人脾气暴躁、顶撞领导？

禅师：此人可能不孝敬父母。

弟子：师傅说得极是。他不单脾气暴躁、顶撞领导，还喜欢拉帮结派、惹是生非，唯恐单位不乱。

禅师：此人非但不孝敬父母，在家中对兄弟姐妹也无太多亲情，且对老师也无感恩之心。当远离之。

弟子：师傅何以断言？

禅师：孝敬父母、友爱兄弟姐妹是人性之根本，这叫孝悌。无孝悌之人无良心，尽量不要与其交友、结婚，结为同事、同学、战友也是耻辱。

弟子：有这样严重吗？

禅师：有。你愿意与禽兽交友吗？

弟子：不愿意。

禅师：无孝悌之人禽兽不如。

【原文】

有子[①]曰：其为人也孝悌[②]，而好犯上[③]者，鲜[④]矣；不好犯上而好作乱者，未之有也[⑤]。君子务本[⑥]，本立而道[⑦]生。孝悌也者，其为仁之本[⑧]与！

【出处】

《论语·学而第一》

【助读】

①有子：姓有，名若。孔子十分优秀的学生。

②孝悌（tì）：孝，孝敬父母。悌，有时也作“弟”，即兄弟姐妹之间的正确态度，现也指团结同事、同学、战友及对师长尊敬。

③犯上：冒犯长辈、领导。

④鲜（xiǎn）：少的意思。《论语》中“鲜”字，都是如此用法。

⑤未之有也：此为“未有之也”的倒装句。

⑥务本：务，专心、致力于。本，根本。

⑦道：在中国古代思想里，道有多种含义。此处的道，指孔子提倡的仁道，即以仁为核心的整个道德思想体系及其在实际生活中的体现。简单讲，就是做人的基本原则。

⑧为仁之本：仁是孔子哲学思想的最高范畴，又是伦理道德准则。为仁之本，即以孝悌作为仁的根本。还有一种解释，认为古代的“仁”就是“人”字，为仁之本即做人的根本。

【大意】

有子说：孝敬父母，恭敬兄长，而喜好触犯领导的人，这样的人是很少见的。不喜好触犯领导，而喜好犯上作乱的人是没有的。君子专心致力于孝悌之本，根本建立了，做人的原则也就有了。孝敬父母、恭敬兄长，这就是仁的根本啊！

【用途】

用人、交友、合伙及谈婚论嫁之根本。

不是没老吗

年近 80 岁的伯父加我微信，分享过来的文章既有时代感，又具正能量。没觉得他老，倒是觉得 40 岁的我老了。他之活跃，我之不及。

人活一股劲，学习上不甘落后，是非上坦荡胸怀，格局上爽心豁目。无论 20 岁还是 80 岁，缺了那股劲就老了。无论 20 岁还是 80 岁，没有那股劲就死了。

老气横秋说的不是年龄，是心态；一筹莫展说的不是智慧，是勇气；无能为力说的不是精力，是精神。

缺了心态，少了勇气，没了精神，就是死了。看似活着，已经死了。

这种人怕死，担心好景不长，于是使劲挽留，抱着好日子不愿撒手。世界上没有比时光再公正的了，对谁都没有片刻停留。越是若有所失，越是怅然若失。辛苦打磨的岁月还没来得及享受，青春一词便接力给下一代。

有一种办法可以永葆青春，是学习。可以读书，可以旅行，可以边读书边旅行，也可以边旅行边读书。这叫手不释卷，心不失真。

书，是一本书；人，是一本书；生活，是一本书。远足，是旅行；散步，是旅行；梦游，也是旅行。都是学习。

关键是心志。心志是一服药，久服轻身，钟情不忘，益寿延年。

学习无退休，终身当检点。人到中年，懒惰成性，找出各种理由原谅自己。于是慢慢被社会淘汰。但不是因年龄增长被淘汰，是因学习力降低而被罚出局。

演讲泰斗王洪庆年近 90 岁依然活跃在舞台上，每次演讲都滑着轮滑出场，身姿矫健，妙语连珠。波上莲花水中月，近前一看是“青年”。对70岁以下的人都一个称呼“小朋友”。他72岁开始学习轮滑。您敢吗？恐刚要练习就传来异声：别摔死！

台湾人赵慕鹤，66岁退休，75岁当背包客游历世界，87岁时以大学生身份重返校园，93岁到医院当义工，98岁取得硕士学位，100岁时其书法作品被大英图书馆收藏，2012年以口述的形式出版畅销书。

有人问他，老赵你都这么大年龄了还学习？他说我不是还没死吗？没死就学！

对，没死就学。学习是青春的法宝，快乐的法则。

【原文】

子曰：发愤忘食，乐以忘忧，不知老之将至云尔。

【出处】

《论语·述而第七》

【大意】

孔子说：发愤用功，连吃饭都忘了，快乐得把一切忧虑都忘了，连自己快要老了都不知道，如此而已。

【用途】

只要不老就有希望，只要不死就有希望。

幸福在路上

长久的快乐是幸福，但人的快乐是没有长久的。所以，人没有幸福。没有幸福也追求幸福，这是幸福。

自小至大，我们一次次幸福，又一次次不幸。婴儿最幸福。毒蜂蛇虫不蛰咬，猛兽飞禽不伤害，终日哭叫，嗓子却不哑，一个人吃饱天下不饿。

婴儿只是那一刻，真的幸福在路上。

长大一点，让妈妈抱抱是幸福，吃到巧克力是幸福。上小学，考100分是幸福。在中学，被心仪的同学在乎一眼，关怀一下，是幸福。到大学，踌躇满志，希望走进社会智勇拼杀，想到成功的辉煌，幸福弥漫全身。

走出校门，不幸接踵而来。学无所用，偶受创伤，人情冷暖，心灵被挫。如一叶扁舟，于大海中东奔西闯、跌跌撞撞。清贫时羡慕富有，富有时羡慕权势，有权势时羡慕安宁。心，从未有一刻安闲。被别人的拥有牵扯，被别人的幸福冲击。为什么不幸的总是我！

幸福的理由有一千种，不幸却只有两个成分：已失去和未得到。两个成分在心中催化、发酵，用自己的不幸比别人的幸运，用自己的弱点比别人的长处。到死的那天都不会幸福。

如何幸福？

愁烦中，让胸怀豁达，心情便如徐徐春风般和气了。雾霾里，也有光明的心境，内心定如青天白日般明亮无染。

如何幸福？

努力过好自己，用心成就他人。

有人说，自己很穷，很弱，很不幸，如何成就他人？

就因为你不成就他人，所以很穷，很弱，很不幸。会微笑处事吧？会说鼓励、赞美、安慰的话吧？会敞开心扉、和蔼待人吧？会用善意的眼光给人关怀吧？会少说话多倾听吧？会谦让座位和有容人之心吧？

这些您都会，所以很幸福。别等了，从现在开始幸福吧！

【原文】

颜渊、季路侍。

子曰：盍各言尔志？

子路曰：愿车马，衣轻裘，与朋友共，敝之而无憾。

颜渊曰：愿无伐善，无施劳。

子路曰：愿闻子之志。

子曰：老者安之，朋友信之，少者怀之。

【出处】

《论语·公冶长第五》

【大意】

颜回、子路两人侍立在孔子身边。

孔子说：你们何不各自说说自己的志向？

子路说：我愿意拿出自己的车马、衣服、皮袍，同我的朋友共同使用，用坏了也不抱怨。

颜回说：我愿意不夸耀自己的长处，不表白自己的功劳。

子路向孔子说：愿意听听您的志向。

孔子说：（我的志向是）让老年人安然有养，朋友之间彼此信任，让年轻人得到必要关怀。

【用途】

给予是幸福。

要你何用?

是鲁迅拒绝了诺贝尔奖的提名。他说自己不配，要拿这钱，还欠努力。世界上比他好的作家很多，他们都得不到，自己也不配得到。

敬仰鲁迅风骨才佩服他的文章。若一个作家没有风骨，其作品再好，只是浮夸一时，不会传承一世。什么是风骨？人的气概，文章的品格。

没有人不喜欢荣誉，鲁迅应也不例外。但他会斟酌，得到荣誉可能成全一个阴谋。也许没有我们想象的可怕，且他也没说。他只说，或者我所便宜的，是我是中国人，靠着这“中国”两个字罢。我觉得中国实在还没有可得诺贝尔赏金的人。倘因为黄色脸皮人，格外优待从宽，反足以长中国人的虚荣心，以为真可与别国大作家比肩了，结果将很坏。倘这事成功而从此不再动笔，对不起人；倘再写，也许变了翰林文字，一无可观了。还是照旧的没有名誉而穷之为好罢。

何谓翰林文字？内容上为统治阶级歌功颂德，形式上又千篇一律的御用文字。我们庆幸，失了大奖，得了鲁迅。

有人格外喜欢荣誉，喜欢得可以用钱去换，用情去换，用色去换，用尊严去换。我不知这种“换”的意义何在，只知荣誉是千钧重物，而得到者须有力拔千钧的本领，若没有，可能被压垮。轻则伤身，重则丧命。还一种可能，荣誉是个倾国倾城的美女，被一个太监得到，您说能有啥用？

把事做对，把人做好，把心摆正，都比荣誉重要。而这三件事一件都没做好，非哭着喊着要荣誉。真有些奇怪。您是公众人物，走到哪里都光明一片。直到有一天做了一件对不起自己，对不起家人，对不起荣誉的事，才有人恍然大悟，这家伙是骗子！

习近平主席说："精品之所以'精'，就在于其思想精深、艺术精湛、制作精良。"而我们有些人作品不精，人精。精得只看荣誉，不顾责任，精得"把低俗当通俗，把欲望当希望，把单纯感官娱乐当精神快乐"。

一个作家，一个诗人，一个演员，一个歌手，一个书画家，一个艺术家，一个媒体人，若只管自己，不顾家国，要你何用！

【原文】

孔子曰：危而不持，颠而不扶，则将焉用彼相①矣？

【出处】

《论语·季氏第十六》

【助读】

①相：搀扶盲人的人叫相，这里是辅助的意思。

【大意】

孔子说：有了危险不去扶助，跌倒了不去搀扶，那还用辅助的人干什么呢？

【用途】

请找到自己的位置。本领再大，也要与国同行。

有一种政治叫别无选择

多年以来，那家饭店一直招聘老板，当上老板后铁饭碗就端定了，其他种种超值回报就极为可观。

社会中，评价一个家族的高贵与否，就是看这个家族有几个人当了老板和几个女人嫁给了老板。

后来，那家饭店不再招聘老板，改成招聘服务员了。实际招聘老板时也是打着招聘服务员的旗号的，但都心知肚明。现在动真格的了，只能当服务员，不能当老板。

只能当服务员还不是那家饭店规定的，不过是饭店内增加了一个部门，叫纪检委。若当了老板的人胆敢伸手偷摸、贪腐，就把手给剁了，有的还把命给丧了，还有的老板寻欢作乐、风流成瘾，纪检委就把老板和老板的女人一块送进监狱。

说来真奇怪，或者是个巧合，2015年国家公务员考试与这家饭店的境遇相同，原来趋之若鹜，现在显得有些冷清，报名人数创5年来新低，从2011年的85：1回落到58：1。

国家公务员，应是国家服务员的意思，就是人们常挂在嘴边的人民公仆。原来确实是人民公仆，不知从什么时候，某些公仆变主人。

到国家当服务员叫从政，从政的目的是为了服务好被你服务的人，让他幸福、快乐。如同，一个男人从户口本上看是家里户主，实则把一身性命都放在老婆、孩子、爹妈、亲朋和社会上了。

这就是从政的本质。

有些人没有当国家公务员，却一直在从政。从修身、建德、养心开始，在让夫妻间和睦。他们相信，两口子不打架就是爱国。然后教育孩子，侍奉父母，帮助更多的人获得机会与成功。他们从未参加“国考”，也从未考虑过是老板还是服务员。因为他们不在乎名誉，只是一心从政。

【原文】

或①谓孔子曰：子奚②不为政？

子曰：《书》③云：“孝乎惟孝，友于兄弟，施于有政④。”是亦为政，奚其为为政？

【出处】

《论语·为政第二》

【助读】

①或：有人。不定代词。

②奚：疑问词，相当于“为什么”。

③《书》：指《尚书》。

④施于有政：施，一作施行讲；一作延及讲。

【大意】

有人对孔子说：你为什么不从政呢？

孔子回答说：《尚书》上说，孝就是孝敬父母，友爱兄弟，把这孝悌的道理施于政事，也就是从政了，又要怎样才能算是为政呢？

【用途】

爱国别无选择。做好良心事，温暖身边人。这是最高级的从政。

女儿的爸和爸的女儿

喜欢一种感觉，每到楼下，听到女儿钢琴声，便驻足，徘徊，倾听。

晚上回家，女儿正在弹奏自己作的曲子。是她第一次谱曲，试着，试着，就谱出来了。自然舒缓，韵律轻盈。她欣喜，我陶醉。

我小时也欣喜。

练书法，写第一个像模像样的字，就迫不及待地拿给母亲，等待夸奖。于是，想当书法家。小学乒乓球成绩优异，打遍学校无敌手，竟敢到高中挑战，特想当乒乓球运动员。偶然，听到一男老师边骑着车边唱《乌苏里船歌》，对那动人的歌声和潇洒的发型印象深刻，加上当年下功夫练“霹雳舞”，觉得当歌唱家也不错。五年级的作文被老师当范文，按捺不住喜悦，便想当作家。看了《船王包玉刚》，又想当企业家。

一路走来。能创作，会经营。

只记得一年级第一次考试是双百，以后的任何一科都节节败退。从未觉得上学幸福，不知长大后的忧郁跟小时的“打击”是否有关。

女儿不同。

幼儿园便参加央视少儿春晚，2008 年走进大型奥运节目《我与北京共微笑》。一年级到六年级都是班长。学习、演讲、唱歌、运动以及做卫生，皆是名列前茅。那年，宋祖英、周杰伦、刘欢等人来津开演唱会，特邀女儿同台。

我还没著作等身，她小小年纪，证书几乎与她同高。

一家四口人，出俩“名人”，一个是她，一个是我。在陌生场合有人说认识我，正要得意，那人说：您是 ×× 的爸爸吧？

女儿胜我。

如今，进入初中。她说自己好像长大了，弹琴、练书法、读《论语》都心甘情愿，而且十分欢喜。

人总要长大。长大的标志不在身体长高，而在心智成熟。何为心智成熟？做自己喜欢的事。如何做自己喜欢的事？把不喜欢的事做喜欢。

有人一生都在抱怨怀才不遇。冬天怕冷，夏天嫌热，春秋正好，他却不去踏青或赏红叶。有了微信，就不停地转发段子。

终其一生，从未长大。实乃悲哀。

【原文】

子曰：志于道，据于德，依于仁，游于艺①。

【出处】

《论语·述而第七》

【助读】

①艺：六艺。为“礼（礼仪）、乐（音乐）、射（射箭）、御（驾车）、书（识字）、数（计算）”六种才艺。

【大意】

孔子说：根据大道而立志，依据道德而执守，归于仁道而不违背，优游于六艺而怡情。

【用途】

人生格局、底线、方向均在其中，别只盯着分数与名次。

儿难当

重阳节那天到山里辟谷。

正在高铁上小睡，妈打电话祝我重阳节快乐。看似玩笑，实则“计策”。明摆着，我应祝爸妈节日快乐。

有些惭愧，家里有老人，愣没想到今天是老人节。妈说电视上都在慰问老人，今年与往年不同，你说习主席一上台，还真好！

原来是习主席策动了我妈。不单策动了父母，也策动了天下儿女。告知儿女莫忽视老人节，若能像给孩子过儿童节一样用心，则老有所乐，老有所安。

以前是遵循“出必告，返必面”的。出差、旅游，国内、国外，都禀报。

后来发现自己特不孝敬。每次告知总会触动他们心结，担心路途遥远，害怕飞机失联，更会招来乱花钱、不节俭的批评。干脆学会权变。远道说是近途，近途说是上班。反正也不在一块住，还来侦察？

如此，和悦许多。

妈每次打电话，第一句都问在哪呢？

这次更加小心，加班呢。

过节还加班？

我都快成瞎话大王了。

若实话实说，电话那头非急了不可，还不如同宋朝发十二道收兵金牌招岳飞班师回朝一般兴师动众，让我打道回府。

每次说完瞎话也脸红，就拉出孟子来解围。孟子曰：“夫大人者，言不必信，行不必果，惟义所在。”

此刻欺骗，是无奈的孝敬。

7号，妈又打电话，问，还加班？

没。这回只好说实话，到山里辟谷。

什么叫辟谷？听出话音不对劲。

就是5天基本不吃饭，利用道家气功调养身心。还想往下说，电话里火药味起来了，你有毛病呀？我说大过节不见人影！电话啪的一声挂掉。

挂就挂吧，爹妈挂你，还想咋的？小时候早就大巴掌揍上了！

只能尽快报到，负荆请罪，对了还得苦口婆心。

我错哪了呢？

【原文】

子夏问孝，子曰：色难①。有事，弟子服其劳②；有酒食，先生③馔④，曾⑤是以为孝乎？

【出处】

《论语·为政第二》

【助读】

①色难：色，脸色。难，不容易。

②服其劳：服，从事、担负。服其劳即服侍他。

③先生：指长者或父母。

④馔（zhuàn）：饮食、吃喝。

⑤曾（zēng）：难道，以为。

【大意】

子夏问什么是孝，孔子说：（当子女的要尽到孝）最不容易的就是对父母和颜悦色，仅仅是有了事情，儿女需要替父母去做，有了酒饭，让父母吃，难道能认为这样就可以算是孝了吗？

【用途】

说好话，做对事，是孝敬。

拼命思念

自小学五年级立志，当作家，当企业家。

从 11 岁到 41 岁，一直在为这个理想而努力，矢志不渝。如今，若算是实现理想，但又有了理想的升华，把“微国学”进行到底、到死，让其大众化、产业化和国际化。

一种文化，只在国家上层流传和使用，基本上等于失传。失传后，中国便不能称为文明之邦,不会成为富强之地。为了不失一个中国人本色，中国人良心，让国学在民间落地、生根、开花、结果，此生无悔。

30 年感悟：从小立好志，长大有好报。

但。

我的立志比起左宗棠来逊色几许，他说：“身无半亩，心忧天下。读破万卷，神交古人。”太厉害了。我之不及！曾国藩的立志更绝：“不为圣贤，便为禽兽！”

一个人怎样都得生存。凑合过与精彩活，感觉不一样。没了精神，少了劲头，缺了活力，是灰暗人生。若小时没立志，暂且无妨。从现在开始。人，无论 10 岁，还是 100 岁，都要有志。有志者事竟成。竟成者心无憾。

成功的路上有很多困难。有人怕热，有人怕冷，有人怕烦恼，有人怕打击，有人怕愤怒，有人怕忧郁，有人怕狭隘，有人怕嘲笑，有人怕头脑冲动，有人怕死不悔改，有人怕阳奉阴违，有人怕虚伪谄媚。这些，都不怕。剩下的就是咱——成功的人。“剩者为王”嘛。

真想成功吗？别怕路程远，别惧鞋子破。尽管往前走！

【原文】

“唐棣[①]之华，偏其反而[②]。岂不尔思，室是远而[③]。”子曰：未之思也，夫何远之有？

【出处】

《论语·子罕第九》

【助读】

①唐棣（dì）：一种植物，属蔷薇科，落叶灌木。

②偏其反而：形容花摇动的样子。

③室是远而：只是住的地方太远了。

【大意】

古代有一首诗这样写道：“唐棣的花朵啊，翩翩地摇摆。我岂能不想念你呢，只是由于家住的地方太远了。”孔子说：他还是没有真的想念，如果真的想念，有什么遥远的呢？

【用途】

成功有两个步骤，一是拼命思念，二是迈出第一步，不要停下来。

您，加柴了吗

弟子：昨夜寒冷，我的朋友被冻死了。

禅师：记得他身边是有火炉的。

弟子：是。他怀中有柴，却与火炉交易。要求火炉给他温暖后，他才肯给火炉加柴。所以……

禅师：所以被冻死了？

弟子：是。他临死前还在僵持，说你不给我温暖，我就不给你加柴。最终人被冻死，火炉熄灭。

禅师：每个人都有自己的火炉，或单位，或家庭，或爱人，或客户。你要做的就是无条件地向火炉里加柴。火炉兴旺，你兴旺；火炉明亮，你明亮；火炉富贵，你富贵；火炉美丽，你美丽。

弟子：是。他很有能力，却一直没有得到领导的重视、爱人的关怀和客户的认可。

禅师：空有一身本领，却无奉献精神，叫怀才不遇。怀抱里有柴却得不到燃烧，最终还不是被冻死！

弟子：我要走了。

禅师：去哪里？

弟子：给我的火炉加柴去！

【原文】

子曰：事君，敬其事而后其食[1]。

【出处】

《论语·卫灵公第十五》

【助读】

①食：食禄，俸禄。

【大意】

孔子说：事奉君主（客户、爱人、领导），要以恭敬之心认真做事，而把领取俸禄、获取回报的事放在后面。

【用途】

每人面前都有一个君主，是火炉；每人怀里都有一抱柴，是能力。先加柴，还是先获取温暖？您懂的。

小心被黑

老师拿一张画有一个黑点的白纸问学生，你们看到了什么？

学生们齐声回答，一个黑点！

老师沮丧，你们没看到这是一张白纸？

眼光集中在黑点上，黑点会越来越大。而那白纸，却视而不见。

有时，我们就是白纸上的黑点。

女人怀孕后，看满大街都是孕妇。男人买了奔驰，觉得路上奔驰特多。看起来是个悖论，实则是结果。眼中看到什么，自己就是什么。现在得到什么，以前就做了什么。现在做了什么，以后便收获什么。

朋友的孩子和我交流，说母亲总和她吼，于是就不想和母亲沟通了。我说你已成家立业，且自己也有孩子，为什么母亲要和你吼？他力争说母亲唠叨、脾气不好。我说你一定不是让父母省心的孩子，父母基本对你不满意。他突然停顿，略有尴尬，说是。

一个成人，还停留在与父母争执上，等于没长大。他从始至终也未提妻子，估计与妻子关系也不太好。

埋怨父母，冷落妻子，若再疏远孩子，便不如禽兽了。

白纸上的那个黑点就是现在的自己，上有父母，下有孩子，中间是妻子。围绕的一圈是朋友、同学、伙伴，再大一圈是工作、事业，再大一圈是社会、祖国，还想大就是人类和天地自然。

白纸是人生。若这黑点一直黑下去，就是垃圾。有点像狗皮膏药或路边小广告，不清理你环境怎么变好？

有些人让黑点变大。用钱、用权、用色使其迅速充盈，直到整张纸都黑了，这人就活到头了。

让自己这个点圆润、明朗和色彩斑斓是生活的功夫，这叫修身。要善良，要努力，要勇敢，要智慧，要正义，要对老婆孩子、父母亲朋好。这也是孝悌，也是感恩，也是对妻子忠诚。

若这几点都做不好，自己不黑，也会被别人拉黑。

【原文】

子路问君子。子曰：修己以敬。曰：如斯而已乎？曰：修己以安人①。曰：如斯而已乎？曰：修己以安百姓②。修己以安百姓，尧舜其犹病③诸④？

【出处】

《论语·宪问第十四》

【助读】

①安人：使人安乐。

②安百姓：使老百姓安乐。

③病：难，不易。

④诸：代词，相当于“之”，这里指修己以安百姓。

【大意】

子路问什么叫君子。

孔子说：修养自己，保持严肃恭敬的态度。

子路说：这样就够了吗？

孔子说：修养自己，使周围的人们安乐。

子路说：这样就够了吗？

孔子说：修养自己，使所有百姓都安乐。修养自己使所有百姓都安乐，尧舜还怕难于做到呢！

【用途】

心安，天地宽。己静，家欢乐。

悌篇第二

珠海遐思

京津凛冽，顶风御雪。身着臃肿实无奈，几缕诚心盼春归。

珠海清新，赏花喜雨。满眼山水景致异，一年四季总情宜。

没有做好到珠海的准备，就已经到达珠海度假村了。

天津青联组织珠海行。没问项目，欣然前往。来之前妻子问，此行几人，是何活动。回答郑重其事，结果模棱两可。

并非鲁莽，实则相信。

相信组织者，相信同行人。因为活力、实力和动力。是学习的动力，每次与青联出行，均是收获颇丰。是旗鼓相当的实力，在一起可碰撞思想，可交流项目，可融洽情感。是青年人特有的活力，创业，创新，创意，还创义。在一起不但谈企业，谈家庭，也谈公益，谈慈善。似有个心灵默许，给予是最好的沟通。这，叫魅力。

到魅力城市，与魅力人同行，似乎可以不假思索。一念即动的旅行不好吗？

早晨清爽，气静神闲。走在酒店门前，被空中似有还无的细雨打湿着。看到一团绿意，一片鸿运，一簇轻灵，如滴在宣纸上的水墨，无声地润心。

酒店公园内的篮球场，几人兴高采烈地欢腾着。边说笑，边打球。时而激烈，时而诙谐。一女同志接到球后瞬间落地，捡起球不容分说继续带球上篮。篮球规则中，这叫二次运球。显然她犯规了。但没人提出，也无人制止，依然欢笑。

本来嘛，生活就是个游戏，何必斤斤计较。球，场，以及钱，权，不都是为人服务的吗。

她的球进了，没有沾到球筐，“唰”的一声。我大声喊好。众人停住打球，把眼光齐刷刷向我投来。我用微笑和拱手与之问候。他们也笑，热情地向我打招呼。

生活里，有些事不能参与其中，但做个喝彩的人，鼓掌的人，也不失一个路人的风采或责任吧。

他们一起打球，我们一同出行，都叫团队。团队是为了一个共同目标，心往一处想，劲向一处使。有困难，就克服；有问题，就担当；有意见，就沟通；有落后，就扶持。当然，也有人提前离开，中途下场。定是另有重任。我们祝福他，期待再次重逢。

但。

大家是在一起的，独行虽快，众行却远。人生即是修行，旅途也是学习。

【原文】

子曰：可与共学，未可与适道；可与适道，未可与立；可与立，未可与权。

【出处】

《论语·子罕第九》

【大意】

孔子说：可以一起学习的人，未必都能学到道；能学到道的人，未必能坚守道；能坚守道的人，未必能够随机应变。

【用途】

珍惜同行人。

朋友啊朋友

1.

最早交朋友随意，感觉不错就在一起玩。吃喝玩乐的那种玩。妈说是狗肉朋友。曾经嗤之以鼻，继而不屑一顾，依然如胶似漆。后来，遇到困难，朋友大多杳无音讯，能联系上的也支支吾吾、闪烁其词。

终于信妈的话了，但觉她说狗肉朋友还不太准确，应该再加上驴肉朋友的称谓。有机会把他们一块炖着吃了。

2.

玩，没有根基。如情人手捧鲜花，看似鲜亮，不久枯黄。友情更为薄弱，没有志同道合，便会离心离德。

自己没阅历，没志气，没智慧，才会交嫌友。此刻不能怨，怨了是否定自己。谚语云：鱼找鱼，虾找虾，癞蛤蟆专找大王八。我顶多是个癞蛤蟆，因为总想吃天鹅肉。

原来善恶不分，如今疾恶如仇。用爱憎分明的眼光交友。把正确批评我的人当作良师，把合理赞誉我的人看成益友，把献媚阿谀我的人定为害我的谄贼。故，尊良师益友，恶卑躬屈膝。

但，麻烦来了。有时看不准，失朋友。有时太鲁莽，被利用。

3.

与其守株待兔，不如主动出击。走出去寻找朋友。参加论坛，进入组织，上高级培训班。欣欣然睁开双眼，一切都是朋友的样子。觉得自己染上一坏习惯，比我高级的人就想方设法接近，不如我的人就半推半就敷衍。身边的大多数人都有这习惯。幡然醒悟，都是来寻找朋友的，谁也好不到哪去！

4.

看别人不顺眼，是自己修养不够、自尊自大心太强。长此以往，天下无友。圈子，不过是个衍生品。打开心胸，提高实力，扩大格局，增长视野，才会有朋友。尊敬比自己强的人，宽容比自己差的人。不谈朋友，朋友自来。

【原文】

子夏之门人问交于子张。

子张曰：子夏云何？

对曰：子夏曰：可者与之，其不可者拒之。

子张曰：异乎吾所闻。君子尊贤而容众，嘉善而矜不能①。我之大贤与②，于人何所不容？我之不贤与，人将拒我，如之何其拒人也？

【出处】

《论语·子张第十九》

【助读】

①矜（jīn）：怜悯，同情。

②与：语气词。

【大意】

子夏的学生问子张交友之道。

子张问：子夏怎样说？

子夏的学生答：子夏说，可交的就与他交，不可交的就拒绝。

子张说：这和我听说的不同，君子能尊敬贤人，又能容纳众人；能赞美好人，又能怜悯能力差的人。我若贤明，为何不能容纳别人呢？我若不贤明，别人将会拒绝我，如何谈得上我拒绝别人呢？

【用途】

朋友有风险，相交当谨慎。

四海之内皆兄弟

《水浒传》有多种外文译本，有的直译成《发生在水边的故事》，有的意译为《一百零五个男人和三个女人》。在所有译作中，翻译得最为准确、最为精彩的应是美国女作家赛珍珠的英译本：《四海之内皆兄弟》。

自从秦始皇寻求长生不老药受骗后，后人才放弃了长生不老的念头，踏踏实实活好每一天，生了就笑，死了就哭。这叫死生有命。

活着的人都想富贵，或赚钱，或当官，或出名，是为得到更多人的尊崇，把自己日子过得滋味馥郁。但，越是大事成功率就越低。因为，凡办大事，以识为主，以才为辅；凡成大事，人意居半，天意居半。想成大事，最好只问耕耘，不问收获。这叫富贵在天。

人有了钱，当了官，出了名，而真朋友缺少了。一旦没了钱，失了官，损了名，朋友就真少了。

交朋友应看对方爱好、志向、性格与人品，而有人只注重人家权势。长此以往，注定一生失败，最后众叛亲离。

最让我们学习敬爱的周恩来总理，在他逝世后，联合国破天荒地决定为他降半旗一周。对这样史无前例的举动，有的成员国代表以“此事没有先例”为由表示反对。

联合国秘书长瓦尔德海姆掷地有声地说：为了悼念周恩来，联合国下半旗，原因有二，一是中国的金银财宝多得不计其数，使用的人民币多得我们数不过来，可是，一国总理周恩来却没有一分钱存款！二是中国有 10 亿人口，占世界人口的四分之一，可是她的总理周恩来却没有一个孩子。你们任何国家元首，如能做到其中一条，在他逝世之日，总部将照样为他下半旗。

在座各国代表均无言以对。

周总理的一生敬而无失，恭而有礼，值得中国人世代怀念。四海之内，谁不是他的子女，谁不是他的朋友，谁不是他的兄弟姐妹？

【原文】

司马牛忧曰：人皆有兄弟，我独亡①。

子夏曰：商闻之矣：死生有命，富贵在天。君子敬而无失，与人恭而有礼，四海之内，皆兄弟也。君子何患乎无兄弟也？

【出处】

《论语·颜渊第十二》

【助读】

②亡（wú）：同“无”。

【大意】

司马牛忧愁地说：别人都有兄弟，只有我没有。子夏说：我听说过：生死由命运主宰，富贵在于天意。君子敬慎而没有过失，待人谦恭有礼，天下的人都是自己的兄弟。君子何愁没有兄弟呢？

【用途】

盲目参加圈子，不如让自己稳健成长。

做个明白人

到济南很放心。如对朋友，不论好坏，只说放心，应是最大褒奖。

对南方的那个发达城市不放心。洗浴中心是其靓丽风景，流光溢彩的豪华内隐藏着顾盼含情、风光无限和玉体横陈。住了酒店，也要被地毯上散落的美女名片轻扰，拒绝上面令男人心旌摇荡的电话。

济南古朴。道路宽，人稳健。直来直去好性格，大大方方不拘谨。从一个单位里,看出对那个退休返聘老大姐的尊敬,知道这里忠厚传家远、诗书继世长的遗风尚在。

一个一门忠义，百世流芳，历经千年依然忠厚的城市，有什么理由不来呢？喜欢这里的浩然正气，有刚柔相济的胆识和任侠儒雅的情致。

济南可以代表山东，似乎曲阜、青岛、菏泽等都可以代表山东。像一家七八个兄弟，只要正义仁德，谁都可以代表父母。山东不止一门忠义。除了孔子，还有孟子、庄子、荀子、墨子和孙子，还有姜子牙、左丘明、诸葛亮、王羲之、颜真卿、扁鹊、刘勰、鲁班以及李清照、辛弃疾。数不胜数的先贤，哪个都令人心生向往、佩服得五体投地。

告知孩子交友标准，看其父母何所为。若其父母嫌贫爱富，最好远离。比较相信复印机，原件模糊，附件不堪；原件清晰，附件清爽。一个缺乏教养的家庭，出现诚信友善的孩子应是奇迹。

济南有教养。跟济南的孩子玩放心。

跟谁玩就像谁。这叫近朱者赤，近墨者黑。您最好的 6 个朋友收入加起来除以 6, 基本上就是您的收入。您孩子最好的 6 个同学的成绩加起来除以 6, 基本上就是您孩子的成绩。

有个城市发现了小偷，见警察来急速逃跑。警察没有追上，从监控中看这家伙跑成一条白影，估算其百米速度应不到 11 秒。2008 年奥运会中的百米冠军是牙买加的博尔特，只不过跑了 9.69 秒。一个“业余选手”与国际大牌仅差 1 秒左右！

跑得再快，他做了小偷。没有和好孩子玩，也没有好孩子和他玩。

香港是个朋友，喜欢购物；澳门是个朋友，愿意赌博；济南是个朋友，令人放心。

【原文】

子曰：里[①]仁为美，择不处仁，焉得知[②]？

【出处】

《论语·里仁第四》

【助读】

①里：居住，作动词用。

②知：通“智”。

【大意】

孔子说：生活在仁德的风气里才算美好，如择居、交友、从业不注意这些，你还算个明白人吗？

【用途】

交友看家教，买房看邻居。

微友无忧

微信朋友圈，不是朋友的圈子。而是可能成为朋友，也可能成为过客的圈子。

有时文章刚发出几秒钟，立刻赢得一片赞声。我知道，这是混脸熟，或者给你个面子，言外之意“你的文章我看了”。

这是过客，敬而远之，微笑待之。生活中已经够烦琐了，何必在微信中计较太多。任你点赞。最起码没骂我、损我、诋毁我。

有个读者引起我的注意，读完文章后总会评价，而且说要买我书。我说送。她说不送，就买。为了尊重，便同意其购书意愿。于是，卡中多了几十元书费。这应是多年来收到最小的一笔钱，但觉得十分可贵。

便关注她微信。

“你永远不知道在别人嘴中的你会有多少版本，也不会知道别人为了维护自己而说过什么去诋毁你，更无法阻止那些不切实际的闲话。而你能做的就是置之不理，更没必要去解释澄清，懂你的人永远相信你。我最喜欢的一句话：如果你没瞎，就别从别人嘴里认识我！——致最近心情郁闷的你！加油，要开心啊！”

看来是遇到问题了，或者朋友有心结了。

于是评论。

“荀子曰：非我而当者，吾师也；是我而当者，吾友也；谄谀我者，吾贼也。” 大意是，批评我而所言恰当的人，是我的老师；赞誉我而所言恰当的人，是我的朋友；献媚阿谀我的人，是害我的贼人。聊以数言，帮微友解忧。

她回复，微友无忧，忧的是友人。

我评论，友之友如友，忧其忧亦忧。

她回复，天下友皆为我友，忧天下友之我忧。

能看出她对的文采和格局。心中甚是舒畅。此类“微友”为益友。

看来朋友圈还是有朋友的。

【原文】

子曰：主忠信。无友不如己者。过则勿惮改。

【出处】

《论语·子罕第九》

【大意】

孔子说：做人以忠信为重，不要与不重视忠信的人交朋友，因为和你不是同道。有了过错就不要怕改正。

【用途】

圈子有风险，交友当谨慎。

大小多少来去

一酒店大会议室中的掌声、呼声、叫声、歌声此起彼伏，山动雷鸣。应是个直销公司。业务员们使劲地喊，使劲地许诺。在主持人的煽动下，每个队都同声而应、声嘶力竭地报出本月任务量。100万，200万，300万，最后喊到1000万。

大多数人，用着大的会议室，干着大事业，做着赚大钱的梦，会后大家在大餐厅吃大餐、喝大酒、说大话。

这是山里的一个酒店，同几位朋友在此处辟谷。用一间很小的会议室，打坐、练功、听课。这几位朋友，除了我，几乎个个神通广大，在社会上皆能大显身手，但这里，没有人大放厥词，都显得大巧若拙、大智若愚。每个人都谨小慎微、小心翼翼，也都非同小可。

一大群人为了钱疯狂，一小批人为了心安悦。一大群人用雕虫小技能挣到大钱吗？若一不小心挣了大钱，恐怕也只是小人得志。

如今，少即是多，因为极致；弱即是强，因为持久；慢就是快，因为稳健。谁小谁大，不是看现在，而是看真正大了之后，能不能把自己放小。

人多力量不一定大，量宽力量才大。众人在一起为了钱而疯狂，恐怕是最容易被击垮的团队。不，那不叫团队，叫团伙。是为了短期的目标和利益组合起来“玩”，被急功近利、贪婪浮躁、别有用心牵扯，缺少归属感。而团队，是为共同的理想和价值观组合起来，优势互补，彼此信任，相得益彰，能成大事。

团队是看着不在一起，而心往一处想，劲往一处使。散了就散了，聚了就聚了。不在形式，在气节，在心志，在大义。即使来来去去，却能拧成一股绳、结成一道墙，那墙是长城。这长城，有万里长，永不倒。有自尊，有自重，不和他人争强斗胜，但谁也别想侵犯。团队精神极强，从不结党营私、谋求私利。

生活中的大大小小、多多少少、来来去去，不就是为了筑一道心灵的长城、建一支心灵的团队、塑一个心灵的自我吗？

【原文】

子曰：君子矜①而不争，群而不党②。

【出处】

《论语·卫灵公第十五》

【助读】

①矜（jīn）：庄重，拘谨。

【大意】

孔子说：君子庄重自尊而不和他人争强斗胜，有团队精神但不结党营私、谋求私利。

【用途】

建一支心灵团队，塑一个心灵自我吧。

说的是您

弟子：女人会老，男人会衰，何谈美丽？

禅师：美丽是心灵，是态度，是品德。与年龄、容貌有何关系？

弟子：我明白了。听说孝敬父母的人是美丽的。但我不能给父母买大房子住，也没有条件带他们游览名山大川，也吃不上鲍鱼、海参，也买不起保健品，我还算得上孝敬吗？

禅师：尽你自己的能力就是孝敬。即便买双拖鞋、打个电话、陪他们吃顿饭，如能做到与他们谈话时别玩弄手机就更好了。

弟子：那对工作、对领导、对客户，我该如何是好？

禅师：上行下达，身体力行，竭尽全力。

弟子：我的朋友不理解我，我很苦恼。

禅师：好朋友不用解释，不是朋友不必解释。坚持诚信和用心，定会有挚友。

弟子：听说《论语》里有对待女人、对待父母、对待工作、对待朋友的方法？

禅师：是。虽然你没读过《论语》，但我认为你比那些读《论语》而不去力行的人强多了！

【原文】

子夏①曰：贤贤易色②，事父母，能竭其力，事君，能致其身，与朋友交，言而有信，虽曰未学，吾必谓之学矣。

【出处】

《论语·学而第一》

【助读】

①子夏：姓卜，名商，字子夏，孔子的学生，比孔子小44岁，生于公元前507年。孔子死后，他在魏国宣传孔子的思想主张。

②贤贤易色：指对人不重容貌，注重品德。引申含义是指看到比自己贤能的人，心里充满了恭敬。第一个贤是动词，表示尊敬、恭敬；第二个贤是名词，表示有才德的人。

易， 二种解释：

1. 改变，更易平时的重容貌之心，以庄重虔敬的姿态尚贤好德。

2. 看轻，重德轻色。

【大意】

子夏说：（对待妻子要）看重实际的德行，轻视表面的容貌，侍奉父母，能够竭尽全力；对待工作、领导、客户有执行力和奉献精神；同朋友交往，说话诚实、恪守信用。这样的人，尽管他自己说没有学习过，但我一定说他已经学习过了。

【用途】

教育下属按照此四种标准行事，但自己要率先垂范。

【疑点】

对“易色”的理解，历代人有不同解读，但本人结合现代社会特点和古代先贤之意综合。

故，此处存疑。

忠篇第三

生活有规矩

1.

朋友擅策划。

那年找他做创意，他说可一夜成名。我有些惊讶。他给的方案是雇一身材好的女人，把衣服脱掉，在大街上行走，用双手举着我名字，后面加上“我爱你”。当日便可红遍网络。

我说你这招太缺德。

他说要不找个名人，在微博里使劲骂他，搜集他负面信息。把他骂急了，他也骂你。你准出名。

这招更损！

他说迅速出名，就是用显微镜找别人毛病。

我说算了吧，自己的错还来不及挑呢，哪有时间评论别人！

生活有规则：不揭人隐私。

2.

另一朋友做企业，到一农村办工厂。

没想，当地年轻人游手好闲，飞扬跋扈。时常涌现赤膊上身、描龙刺凤的不良青年捣乱，美其名曰：收保护费。一年下来，发出“红包”二十几万。

次年春节刚过，村里 65 岁以上老人每人每月领取 100 元敬老费。费用源出朋友企业。一年下来，花费不到 20 万。一时间，媒体报道，领导关怀，全村欢悦。老人对孩子说，谁去那企业捣乱，砸断你的腿！

公安机关上门服务，嘘寒问暖，说收拾收拾那些收你“保护费”的家伙吧？

朋友摇头，真情告白：与人为善，唯善为宝。

生活有规则：不念人旧恶。

3.

教育家陶行知先生任小学校长时，发现学生王友用泥块砸同学，当即制止，并令王友放学时到校长办公室。

放学后，王友已等在门口。陶先生当即掏出一块糖送给他：这是奖给你的，因为你按时来到，我却迟到了。

王友怀疑地接过糖。

陶先生又掏出一块糖给他：这也是奖给你的，因为当我不让你再打人时，你立即就住手了，说明你很尊重我。

陶先生又掏出第三块糖塞进王友手里：我调查过了，你砸他们，是因为他们欺负女生。说明你很正直，有跟坏人做斗争的勇气！

王友哭了：您打我两下吧，我错了，我砸的不是坏人，是我的同学呀！

陶先生满意地笑了，掏出第四块糖递过去：为你正确地认识错误，再奖你一块糖。

生活有规则：不责人小过。

生活里还有规矩，搬弄是非、挑拨离间、空穴来风和数黑论黄都不太应该。

【原文】

子贡方人[①]。子曰：赐也贤乎哉？夫我则不暇。

【出处】

《论语·宪问第十四》

【助读】

①方人：评论、诽谤别人。

【大意】

子贡评论别人的短处。孔子说：子贡啊，你真的那么贤良吗？我可没闲工夫去议论别人。

【用途】

管好嘴，打开心。

被人奚落，乃是修行

应邀到某校讲课。

司机来接，直呼我名。没有喊老师，也无半点尊敬之意。使劲回忆，是多年前老相识。

他满不在乎地问，他们（指校领导）找你什么事？

突如其来的直来直去让我一时失重，是被袭击式的采访冲击。以往接送，司机都谦恭有礼，帮我提包，送我上车，然后发动引擎。

这位老兄的爽快令我猝不及防。

我说，去讲课。

他又一句率真砸向我，你会讲什么？

在后座的我，似有些应对挑战。想告诉他，会讲《论语》《大学》《中庸》和《道德经》。突然意识到，何必与一个司机师傅标榜自己的虚荣呢？

淡淡地说，给学生们讲《论语》。

话音未落，老兄继续语出惊人，那破玩意儿有啥用？还不如把你的饭店开好呢！

悲催迅速弥漫了我。

他道出我老底。他说，20 年前我们科长在饭店结婚办酒席，我随了 10 块钱份礼，吃了两顿。

让我想起，那次在某政府讲课，有个领导与我同村，说我是他孙子。有人问起，我点头称是，他在村里辈分大，我喊他爷爷。于是他与同事津津乐道，说我小时候调皮捣蛋，7 岁还向水缸里撒尿。

我也笑了。忆峥嵘岁月，恰老友少年，风华正茂，如今，皆已变老。

他说他 50 岁了，我说我也 40 岁。

二人欢悦，一路前行。

发现，我被这位老兄感染。他的随意和任性影响了我，特希望与他一样天真烂漫。心地纯洁，是一个人的幸运。走过人生半百，依然真诚无邪，这是怎样的一种境界！

我们也在追求境界，努力打造自己的善良、纯朴、博学。但，我们的境界是修来的，是求来的，而人家，天生就有，从未改变。

我们，在一个冠冕堂皇的环境中，在一张嘈杂喧闹的酒桌上，复杂、多虑、怀疑、嫉妒，表面推心置腹，实际心生暗计。

简单得只剩包装，世故得早就变老。比我大十岁的老兄，却比我年轻许多。

于是，向他学习，向那位管我叫孙子的前辈学习。被人奚落，心无挂碍，权当鼓励。乃是修行。

【原文】

曾子曰：以能问于不能，以多问于寡；有若无，实若虚；犯而为校①。

【出处】

《论语·泰伯第八》

【助读】

①校（jiào）：计较。

【大意】

曾子说：自己有才能却向没有才能的人请教，知识多却向知识少的人请教，有学问却像没学问一样；知识很充实却好像很空虚；被人侵犯却也不计较。

【用途】

谦虚豁达，是应该一生学习的课程。

多吃了三五口

妻子说儿子与女儿都在，你也吃一点吧，一家人其乐融融多好？

晚上很少吃饭或吃饭很少，但亲情难却，就吃了。到睡前依然胃口胀满，夜里连做噩梦。次日憔悴，不禁后悔，谁让自己多吃三五口！

我们总犯这样的错误，因为一时得意，换来多日失意。

朋友说最早只想请他喝个咖啡，但他想抱一下，就让他抱了，抱了就吻了，吻了就睡了，睡了就结婚了，结婚就后悔了，后悔就有些迟了。两口子天天打架，究其原因不过是在一杯咖啡的时光里，没有拒绝第一次拥抱罢了。

我多吃几口饭，做了一夜噩梦；朋友多做了一件事，有可能做一生噩梦。看来我们常常被诱惑麻痹。

刚从超市回来，花几百元买了两大兜子食品、物品。但我去的目的，只是为买一支铅笔。妻子说围裙要换新的，家里虾仁快没了，正赶上新鲜的带鱼，毫不犹豫地买了，到家后想，再新鲜不也要放进冰箱冷冻吗？女儿更大方，从文具到巧克力、酸奶和各种小吃，买了一大堆。我提着两大兜货品，跟着欢天喜地的妻女回家，里面只有我的一支铅笔。

有些时候，我们经常重复消费。见到新的、好的就想买，买了放在家里的冰箱、抽屉或角落，等着其变旧，待旧了之后，再买新的。

到山东去了两天，忘记携带计步器。第一天竟然不知道该怎样走路，为什么走路。第二天就偷懒了，想所幸没带，少走几步就少走几步，又没人知道。但身体似乎已接受每天一万步的信息，偷懒之后腰酸背痛。

无限制的消费，是被诱惑战胜了。走路没坚持，是被侥幸俘虏了。而这些，与多吃几口饭和不幸的婚姻一样，都是在坚持时打了折扣。没有满分的坚持，就没有满意的人生。我们的落败，都是从第一次得过且过开始。

【原文】

子曰：譬如为山①，未成一篑②，止，吾止也。譬如平地③，虽覆④一篑，进，吾往也。

【出处】

《论语·子罕第九》

【助读】

①为山：堆积土山。

②篑（kuì）：土筐。

③平地：填平洼地。

④覆：倾倒。

【大意】

孔子说：譬如用土堆山，只差一筐土就完成了，这时停下来，那是我自己要停下来的；譬如填平洼地，虽然只倒下一筐，这时继续前进，那是我自己要前进的。

【用途】

是停，是进，全由您做主。坚持，或放弃，还不是自己说了算。看着办吧！

昨日已去

搬家途中不慎挤压、毁坏了一幅很好的书法作品。不单是一幅作品，还摔了一个颇具价值的瓷瓶。望着一地破碎的瓷片和半张残卷，没有心痛，只是感慨，破物如人亡，生死两不知。

人老了会死，物旧了会损。暂时未损，未到损时。痛惜，是对失去的留恋。留恋，是对心智的冲击。冲击，是对生命的损伤。有的人早亡，是太爱物了。物美则喜，物残则伤。不想伤物，于是伤人。

一切物的结局都是毁坏。有的自毁，有的他毁，有的在天地日月中吸融共毁。人们想挽留美好，让美好在自己身边，对物的追求更甚。爱恨情仇，皆被物牵。只是忘记了，物，是为人服务的。

路不平，修复它；水泛滥，引导它；山逶迤，游览它；果甜香，吃掉它。这些天地之物，人无时无刻不在享用着。当人类生活出现了科技、文化、艺术、建筑和生产时，便产生了依赖、追求、贪婪和纵情，还有欣喜若狂与怅然若失。

多年前的邻居是对新搬来的夫妇。我家里刷屋子时把挂在墙上的刘炳森先生的书法作品临时摆放在门外，恰巧那年轻、鲁莽的邻居小伙也收拾屋子，把那幅珍贵的作品当废品卖了。

有些震惊，震惊后是愤怒，愤怒后是埋怨，埋怨后是冤屈，冤屈后感觉无济于事。就是搬石头砸天，他不是也卖了吗！

卖就卖吧。邻居是人，我也是人，卖的是物。让物畅其流吧！

早就不去讲“塞翁失马”的故事了，因为如甘蔗被嚼得无味了。无味，但有理。失了珍贵，却换来豁达与宽容。庄子说，安危相易，祸福相生，缓急相摩，聚散以成。事情常在变化中，凡事别总看表面。

无论如何变，有一样变不了：昨天已去。睡了一夜的觉，还没忘记昨日的喜怒哀乐、怒怨烦愁，定是亏了。用今天的心情纠结昨天的事，就是赔了。如同到饭店，花同样的价钱，吃昨天的剩菜。谁愿意呀！不单是无营养、少味道，还有卫生，还有安全，还有尊严。

纠缠昨日，死缠烂打，赔的是精力和心情，是赔了夫人又折兵，因为昨日已去。

【原文】

往者不可谏，来者犹可追。

【出处】

《论语·微子第十八》

【大意】

过去的不能挽回弥补，未来的还是能赶得上的，要努力争取哟！

【用途】

只想告诉您，昨日已去。

说识人（一）

晚间小聚，酒茶论道，浅醉微醺。

友人说，近日接触一老板，说自己兜里不差钱，喜欢做公益，但几句话就跳跃到曾经是全国劳模，与中国头等企业家和相当级别领导开会、用餐。还说很讨厌炫富，自己就不是一个炫富之人，比如我已经有几个亿都不会说自己有钱，你看我们吃饭的这桌子，你知道这圆木有多少年了吗？众人纷纷猜测。他道出答案，才一千多年，不值钱，不值钱，喝酒！

另一朋友笑了，说估计这人品德有问题。听其言，观其行，是识人之道。识人应看3个角度：看他爱财是否取之有道，有分寸感者视为不贪；看他临难是否从容镇定，有意志力者视为不怕；看他酒后是否乱性吐真，有自控性者视为不乱。

又一朋友边喝茶边言语，说我从10个角度取人。

满桌兴奋，说来听听？

1. 看价值观和思维方式。

2. 看面相。

3. 看从事的职位。

4. 看衣着和喜好。

5. 看家庭。

6. 看配偶。

7. 看办公室和家庭陈设。

8. 看朋友圈子。

9. 看在被激怒的情况下如何反应。

10. 看他接受信息的来源。

众人唏嘘，举杯祝贺。真乃大家！

沉默许久的一位朋友说，相信值得相信的人，叫做信。怀疑应该怀疑的人，也叫做信。

于官，于商，于世道，具备识人的功夫至关重要。他讲了曾国藩识人的故事。

李鸿章带三人求见曾国藩，求给他们分派职务。不巧曾国藩出外散步。待曾国藩回来，李鸿章请曾传见三人。

曾国藩说不用了，站在右边的人忠厚可靠，可委派后勤补给工作；中间的阳奉阴违，只能给他无足轻重的工作；在左边的人是个上上之材，应予重用。

李鸿章惊问，您是如何看出来的呢？

曾国藩笑道，刚走过三人面前，右边那人垂首不敢仰视，可见他恭谨忠厚。中间那人表面毕恭毕敬，但我一走过，立刻左顾右盼，可见他阳奉阴违。左边那人始终挺直站立，双目正视，不亢不卑，乃大将之才。

那位“大将之才”，就是后来担任台湾第一任巡抚、鼎鼎有名的刘铭传。

【原文】

子曰：视其所以，观其所由，察其所安。人焉廋（sōu）哉！人焉廋哉！

【出处】

《论语·为政第二》

【大意】

孔子说：（要了解一个人），应看他所做事的原因和目的，观察他所走的道路，考察他安心干什么。如此，这个人怎么能隐藏得了呢！这个人怎么能隐藏得了呢！

【用途】

识人善用。

说识人（二）

小人不可怕，可怕的是与小人为伍。与小人为伍也不可怕，可怕的是与小人为伍还津津乐道。殊不知，此刻你也成了小人。

小人有两种有意思的表象。一是不愿承认错误，而且极力掩饰；二是阿谀奉承，谄媚谗言。虽是两副嘴脸，但却同一货色。

小人之过与君子之过有何区别？

小人找借口，君子多坦荡。小人把错误描述得极为动听，时刻不忘编织谎言。目的在于洗脱自己，嫁祸于人。君子不然。错就错了，谁能不错？有错就认，认错则改，改后谨记。

做错了不找借口的人越来越少了，莫非小人多了？

巧言令色，是别有用心。造谣生事，挑拨离间；拍马奉承，表里不一；搬弄是非，落井下石；浅薄狭隘，趋炎附势。但大多是阳奉阴违，表面遵从，暗地违背。

正所谓“无事献殷勤，非奸即盗”。

这是另一种小人。喜好当面阿谀奉承的人，也必定喜好背地诋毁人。喜欢拍马的人是为了骑马，若不能正确识别，迟早有一天会用马上的辉煌，为曾经别有用心的喝彩买单。

【原文一】

子夏曰：小人之过也必文[①]。

【出处】

《论语·子张第十九》

【助读】

①文：掩饰。例：文过饰非。

【大意】

子夏说：小人犯了过错一定会掩饰。

【原文二】

子曰：巧言令色[①]，鲜[②]矣仁。

【出处】

《论语·学而第一》

【助读】

①令色：令，美善；色，脸色。此处释为装出和颜悦色的样子。

②鲜：少的意思。

【大意】

孔子说：花言巧语、装出和颜悦色的样子，（这种人）很少有仁德。

【用途】

同则相亲，异则相敬。远离小人。

说识人（三）

了解一个人，不仅要看到他的优点，还要对其缺点有正确的认识。孔子主张通过人们的外在表现，包括人们的错误和失误，来观察、分析人们内在的东西，了解人们各自的思想和才华。只有这样，才能全面地认识一个人。

错误有三种：

1. 因经验不足犯的错误。

2. 因能力不足犯的错误。

3. 因道德缺陷犯的错误。

同样的错误，犯一次是经验问题；犯两次是能力问题；若犯错误是为了损人利己，便是道德问题。

启示：对犯经验不足错误的人，要给他改正的机会；对犯能力不足错误的人，应马上调换工作；对犯有道德缺陷方面错误的人，应果断处理不留后患。

春秋时期。鲁国大夫孟孙在打猎，费了很大劲，才捕捉到一只小鹿。他高兴地让自己的手下秦西巴将它带回去。

秦西巴在回去的路上，发现小鹿的母亲，也就是那只母鹿，一直跟在他后面，并不时发出阵阵的哀鸣声。秦西巴感到于心不忍，便把小鹿放了，母鹿和小鹿又一块高兴地跑回了山林。

孟孙回来，知道自己好不容易才捉到的鹿被放跑了，于是勃然大怒，把秦西巴痛责一顿，然后把他赶走了。

但是三个月以后，孟孙又将秦西巴招回并委以重任，要他担任自己儿子的老师。

有人问为什么要这样做。孟孙说：他既然不忍心小鹿遭难，又怎么会忍心我儿子不好好学习呢？

启示：观过知仁是识人善用。但切记不可以自我为中心武断行事。

《列子·说符篇》有一则故事。

从前有一个人遗失了一把斧头，他怀疑被隔壁的小孩偷走了。于是，他就暗中观察小孩的行动，觉得他不论是言语与动作，或是神态与举止，怎么看都觉得像是偷斧头的人。因为没有证据，所以也就没有办法揭发。隔了几天，他在后山找到遗失的斧头，原来是自己弄丢的。从此之后，他再去观察隔壁的小孩，觉得他再怎么看也不像是会偷斧头的人。

以自我来度量别人，主观意识太强，才会把老实的小孩看成是贼。他心中认定小孩是贼，因此小孩越看越像贼；他心中认为小孩不是贼以后，再怎么看都不是贼。其实小孩本就不像贼。

启示：之所以会完全受主观意识所左右，这也是由于主观意识作祟因而造成识人的错误。我们要小心提防。

三国时代精于识人的诸葛亮，就曾因主观意识太强而看错马谡。

马谡历任绵竹、成都县令以及越隽太守，能力过人，并好谈军国大事，诸葛亮很器重他。刘备在临死前，对诸葛亮说：马谡言过其实，不可大用，希望你能察觉此事。

由于诸葛亮对马谡印象很好，因此非但听不进刘备的话，而且还任命马谡为参军。两人谈论军国大事，每每从清晨到深夜。

公元228年，诸葛亮出师祁山，当时众大臣建议派魏延或吴壹为先锋，可是诸葛亮力排众议，任命马谡为先锋，统率大军与魏军交战于街亭，结果被魏军所击败。因为先锋大军败走，诸葛亮只好退守汉中。

启示：观过识人和以自己的主观意识识人，都应把握好度，不能一意孤行。

【原文】

子曰：人之过①也，各于其党②。观过，斯知仁矣。

【出处】

《论语·里仁第四》

【助读】

①过：过错。

②党：类别。

【大意】

孔子说：人的过错，总是与他那个类型的人有关。仔细考察他的错误，便能知道其仁德程度和是什么样的人。

【用途】

如果一个人介绍给你说，他是我朋友。好吧，这无异于在告诉你，他是朋友那个类型的人。

来吧，我等着你

网上“灌水”的板块叫论坛。生活里公开讨论一个话题的会议，也叫论坛。亚洲和太平洋沿岸 20 多个国家和地区聚集一块说如何发展，怎样富强的，叫亚太地区经济合作官方论坛，简称 APEC。

2014 年 APEC 会议在中国召开，北京放假 5 天，京津冀地区限制汽车出行，关闭污染型企业。目的是保证宽松的与会环境和一片蓝天。

有人发牢骚、讽刺、奚落，说动静也太大点了吧?

惊奇地发现，开幕第二天，日本便与中国本着“正视历史，面向未来”的精神达成一些共识，中日之间首次正式地、文字性地使用了“钓鱼岛”几个字。

仅此一点，就能对本次会议之重要略知一二了。日本主动向中国示好，用民间的话说“日本服了”。

桀骜不驯的安倍晋三是怎么服的呢?

中国早就亮出底线，中日领导人会见必须有两个前提，一是安倍政府停止参拜靖国神社，二是承认钓鱼岛存在争议。

这次 APEC 峰会几乎都是中国声音，日本羡慕嫉妒恨，害怕继续被孤立，错过花开季节，亚太整合一盘棋中没有自己位置。

如同 20 多个人一起玩，就不带你日本玩，再强大估计也顶不住。

2014 年 10 月 24 日，21 国代表在北京签署注册本金为 1000 亿美元的亚洲投资银行备忘录。此“亚投行”建立，意味着人民币将在亚太区域内不可或缺。日本有所顾忌，没敢加入。

2013 年秋天，习近平主席分别提出建设贯穿欧亚大陆、东连亚太经济圈、西入欧洲经济圈的丝绸之路经济带和21世纪海上丝绸之路的战略构想，简称“一带一路”。应者云集，世界瞩目。

路线为，一条北线：北京—俄罗斯—德国—北欧。一条中线：北京—西安—乌鲁木齐—阿富汗—哈萨克斯坦—匈牙利—巴黎。一条南线：北京—南疆—巴基斯坦—伊朗—伊拉克—土耳其—意大利—西班牙。

“一带一路”沿线总人口约44亿，经济总量约21万亿美元，分别约占全球的63%和29%。

不难看出日本急在何处了。

此乃中国轨道。简单的APEC并不简单呦！不就限行几天吗，别抱怨了。

【原文】

叶公问政。子曰：近者悦，远者来。

【出处】

《论语·子路第十三》

【大意】

春秋时期的政治家叶公问怎样治理政事。孔子说：让国内人喜悦，让国外人来投奔。

【用途】

国家同理，企业同理。

不忘初心

写文章，做早餐，送女儿上学。若不出差，几乎每日都可享受宁静有序的早晨。

与以往一样，把车子启动后，才发现无法倒车，后面一辆车极其完美地堵在后面。下车寻找、呼喊，终于有人应答，将车知趣开走。

女儿要迟到，加上停车人的莽撞，不禁心生怨气，自言自语，现在人越来越自私了！

女儿却说，人家不是给您挪开了吗？

假如我们找不到司机，上学不就迟到了吗？

没关系，您开妈妈车送我呀！

以为她会与我一同谴责或者愤怒，没想，一个不文明的停车，被小小年纪的她轻描淡写地化解了。她的开怀和大度令我佩服。

你倒是乐观！

女儿一本正经也略带沧桑地说，现实很残酷，不乐观行吗？

想笑，一个刚上初一的小丫头竟然能读出人情冷暖？没笑，因为自她上了初中后，接连几件事情都不宜心。有的合情不合理，有的合理不合情，有的合理合情不合规。

人生大舞台，学校小社会，岂能都如意！

她的乐观是宽容。宽容了“残酷”的现实。涌上一股感动。感动于女儿对世事的理解。

看天地昏暗，是自己狭隘；与别人愤怒，是心底无知；受日子捉弄，是智慧不够；与机会失之交臂，是下一站有更好的时光等候。

用女儿的话说，是乐观。

乐观是什么？对生活的忠恕。尽力为人，谨慎为己，为忠；推己及人，如人之心，是恕。更通俗的解释，是生活可以和你开任何玩笑，包括捉弄，但你也不能不忠于它，不宽容它。

每个人都有机会从配角到主角，也可能从主角到配角；都有机会走过阴暗，迎来光明，也有可能光明转瞬即逝，又赶上一阵连雨天。

只要你不失勇敢，信心十足，坚韧如常，不忘初心。那么，来时的路，就是寻找的家；走过的路，就是丰硕的果。

坚持忠恕，一以贯之。一切都是为美好而准备。女儿又一次感动了我。

【原文】

子曰：参①乎！吾道一以贯②之。

曾子曰：唯。

子出，门人问曰：何谓也？

曾子曰：夫子之道，忠恕而已矣。

【出处】

《论语·里仁第四》

【助读】

①参：曾参，孔子学生。

②贯：贯穿，贯通。

【大意】

孔子说：参啊！我的学说贯穿着一个基本思想。

曾子说：是。

孔子出去以后，学生们问曾子说：老师的话是什么意思呢？

曾子说：老师的学说，不过忠恕两个字而已。

【用途】

再忠恕一些。努力，我们一起！

不快乐，就快了

妻子惊呼，快，快点，热水管裂了！

我走近她时，热气腾腾的水自厨房已漫延到餐厅，即刻逼近客厅。

见我来，她长舒一口气，说，早晨被子还没叠，我去收拾卧室了。

不容分说，踮起脚尖，径直离开。把一片茫茫温泉水留给了我。

看她狼狈逃脱，倒是觉得可爱。天塌下来有高个顶着，水泛滥了有男人去战斗。这世界很公平，男人干男人的活，女人做女人的事。抢险救灾大多是部队的男兵冲锋在前，女兵则做后勤补给或医疗护理工作。

角色做事，本色做人。女人的本色是温柔、示弱。一示弱，男人就好强。有的女人不示弱，锋芒毕露、独占鳌头，家里男人大多娘娘腔。

迅速把热水总闸关掉。一个人扫水，擦地，任水没过脚面，心里愉悦十分。并不觉得是自己一个人在战斗，因为卧室内还有人在叠被。对，在卧室内叠被的人叫“内人”。

既然是“内人”，就不是外人，不是外人就要给予关怀。不但替其操劳，还要给予忠告。忠告其少吃饭，多走路，早点睡，早点起。

能听进忠告之人毕竟不多。外人不听就停，内人不听不能停，因为要对其负责。生活里，对谁负责，一般都充当反面人物。因为她的随心所欲会被你管理和控制，受了约束，就少了自由，以为是压迫，并说哪里有压迫，哪里就有反抗。人民反抗，叫起义。夫妻反抗，叫争吵。吵就吵吧，好人难当！

夫妻间要理解。再苦再累也别忘了手牵手，再忙再痛也别忽视心连心。最基本的原则是快乐。若不快乐，两人就快了。什么快了？日子快过到头了。

【原文】

子曰：爱之，能勿劳乎？忠焉，能勿诲乎？

【出处】

《论语·宪问第十四》

【大意】

孔子说：爱他（她），能不为他（她）操劳吗？忠于他（她），能不对他（她）劝告吗？

【用途】

夫妻、父子、师生、挚友、领导与下属均依照此方行事。

想做你身边的大白菜

据说。

土耳其妇女皮肤白嫩，而且很少出现青春痘，是她们经常用大白菜叶来贴脸的缘故。

把整片的新鲜大白菜叶取下来洗净，在干净的菜板上摊平，用擀面杖轻轻碾压10分钟左右，直到叶片呈网糊状。将网糊状的菜叶贴在脸上，每10分钟更换一张菜叶，连换三张，每天做一次。

民间说：鱼生火，肉生痰，白菜豆腐保平安。

小时经常吃白菜，因为只有白菜。家家孩子大人面色红润，身体健壮。根本没听说过糖尿病、高血压、脂肪肝这样的富贵病。

长大了依然钟爱白菜。与家人吃火锅，别人涮羊肉，我只涮一盘大白菜。一则爱吃，二则消解燥热之气。若一顿饭200元，估计我消费顶多10元。

中医认为大白菜性微寒无毒，养胃生津，除烦解渴，利尿通便，清热解毒，为清凉降泄兼补益良品。若有感冒发烧、支气管炎、咳嗽、肺热、食积、便秘、小便不利、冻疮等症状，敬请食用。

白菜本身所含热量极少，不至于引起热量储存。白菜中含钠也少，不会使机体保存多余水分，可以减轻心脏负担。中老年人和肥胖者，多吃白菜还减肥。

大白菜，简直是神菜！

白菜便宜，却从不媚俗。一身清爽，浩然正气。

白菜有一个别名，叫菘（sōng）。明代名医李时珍在《本草纲目》中更写道：菘性晚凋，四时常见，有松之操，故曰菘。

松柏有何节操？

庄子说，到了大寒节气，霜雪也覆盖了万物，我这才知道松柏是如何的繁茂苍郁。

若，做人如松柏耐寒、耐心、耐烦，与朋友、伴侣从春天一直走到冬天，从温暖坚持到严寒。不抛弃，不放弃。然后，再如大白菜，忍得住风，经得起晒，耐得了苦，受得了磨，经过凌霜傲雪的成长，于超市货架上不争、不抢、不起眼，却便宜、干净、管用、忠义。

做一棵大白菜该有多好！

【原文】

子曰：岁寒，然后知松柏之后凋[①]也。

【出处】

《论语·子罕第九》

【助读】

①凋：凋零。

【大意】

孔子说：（到了）一年寒冷的季节，这样以后才知道松树柏树是不凋谢的。

【用途】

找一个可以一同走过寒冬的人做朋友吧，最好再有白菜的风格。

你说，你说

弟子：生活里总有人喜欢多说。或有建树，或无建树。有的真知灼见，有的夸夸其谈。

禅师：你看他说什么。说什么就是缺少什么。

弟子：有人知道却不说。

禅师：这是不忠诚。

弟子：有人本不博学，也不看场景，也不看人家脸色，滔滔不绝地说。

禅师：这人是瞎子。

弟子：应该怎样说？

禅师：知人不必都说，留三分余地与人，是口德；责人不必怒说，留三分余地与人，是度量；有功不必演说，留三分余地与人，是谦恭；得理不必抢说，留三分余地与人，是宽和。

弟子：应该何时说？

禅师：做完了再说。

【原文】

子贡问君子。子曰：先行其言而后从之。

【出处】

《论语·为政第二》

【大意】

子贡问老师什么是君子行为？孔子说：想说的时候最好先别出口，等做好了再说，然后按照说的去做。

【用途】

有人说了再做，有人做了再说，有人说了也不做，有人做了也不说。您属于哪种？

您反省了吗?

弟子：刻舟求剑之人很愚蠢。剑掉入江中，竟然不着急打捞，在船舷上刻个记号，准备船靠岸以后，还从刻记号的地方跳下去捞宝剑。这人为何如此荒唐可笑?

禅师：人生一世，如船行进。船在动，水在动，剑亦动。只有坐船人的心智未动。这比愚蠢可怕，是自负。

弟子：自负比愚蠢可怕?

禅师：自负之人表面谦和心里傲慢，看似忠诚实则自私，表现得信任朋友实际是为凸显自己，从来不会虚心听人讲话，即使学到知识也不会运用。

弟子：这是为什么?

禅师：心中只有自己，从来不知反省。

【原文】

曾子曰：吾日三省①吾身。为人谋而不忠乎？与朋友交而不信乎？传不习②乎？

【出处】

《论语·学而第一》

【助读】

①三省（xǐng）：省，检查、察看。三省有几种解释：一是三次检查，二是从三个方面检查，三是多次检查。古代在有动作性的动词前加上数字，表示动作频率高，不必认定为三次。

②习：指反复实习。古汉语“习”字没有复习、温习之意。

【大意】

曾子说：我每天多次反省自己，为别人办事是不是尽心竭力了呢？同朋友交往是不是做到诚实可信了呢？学到的知识是不是亲身实践了呢？

【用途】

为别人办事即为自己办事，对别人忠诚即对自己忠诚，学以致用还不也是为了自己？

建议每日睡前“三省吾身”。

从少年到老年

1.

又有高官落马。

听说查出来的现金有一两吨重，用汽车才能拉走。印象里只有银行的钱用汽车拉，自己的钱都是装在钱包里一张一张省着花。难道钱太多意味着人生终结？事实证明，人是不能将钱带走的，但，钱一般都能把人带走。

老子说，金玉满堂，是没有人能守得住的。孔子也说，人到老年，定要注意，别贪得无厌。本来嘛，杯子满了，倒再多的水就是浪费。把国家的钱存放到自己家里，无非是个“库存转移”。赚不到便宜，却惹了麻烦。

2.

战功卓越的赵国大将廉颇想要羞辱位居他之上的蔺相如。而蔺相如远远看见廉颇，就掉转车子避开他。蔺相如门客不解，甚至有些人想离职。蔺相如说，强大的秦国之所以不敢轻易侵犯赵国，只因为武有廉颇，文有蔺相如。若我们为了私愤相斗，秦国必然来犯。我之所以这样做，是以国家之急为先而以私仇为后啊！此话传到廉颇耳内，其羞愧难当，解衣赤背，背着荆条，上门请罪。

在想，假如蔺相如按捺不住怒火，与廉颇拼个你死我活，当会如何？

《呻吟语》说，你说得正确我便听从，我不是听从你，而是听从真理，这其中又有什么私念呢？你说得不对，我就不会听从，我不是不听从你，而是不听从不对的道理，这其中又有什么可指责的呢？

3.

前几日举报了一个男女同城派对的低级微信平台。最近发现，竟有黄色图片闪动，点进一看，是广告。

情色，半遮半掩；色情，直来直去。利用人的原始冲动，为荷尔蒙加油，商家赚的是可耻的利润。

担心青少年过早接触性，荒了学业，害了爱情，伤了身体。

前段时间，儿子看一国内大家的小说。问为何看他书？儿子说揭露社会深刻。我说揭露社会本与你关系不大，你的责任应是遵守社会秩序。但有一点，他的书里色情描写很多？儿子通情达理，说那我不看了。

当年德国纳粹时代，青少年都穿短裤，晚上睡觉的时候将手绑起来放在被子外面，主要是防治手淫。此做法虽然过分，但对少年身体却有益处。

【原文】

孔子曰：君子有三戒。少之时，血气未定，戒之在色；及其壮也，血气方刚，戒之在斗；及其老也，血气既衰，戒之在得。

【出处】

《论语·季氏第十六》

【大意】

孔子说：君子有三种事情应引以为戒：年少的时候，血气还不成熟，要戒对女色的迷恋；等到身体成熟了，血气方刚，要戒除与人争斗；等到老年，血气已经衰弱了，要戒除贪得无厌。

【用途】

少年戒色，壮年戒斗，老年戒得，稳健人生。

忠与恕

弟子：您曾经教导我们说，斤斤计较个人得失是得不偿失。

禅师：是。人需要原谅。经常看到对方长处，取长补短，才能不断完善自己，丰富自己。

弟子：对家庭、社会、生活、亲人、朋友或是陌生人，都要有理解和尊重吗？

禅师：是。这叫责任。不强人所难，不得寸进尺。尽心尽力，合情、合理、合法地做好自己该做的事情。

弟子：人生充满未知，酸甜苦辣、喜怒哀乐，时常交错闪现，如何保持良好心态？

禅师：审时度势，调理自我，接受命运挑战。对于需要承担的不逃避，不推诿，不放弃。这叫承受。

弟子：对于别人的相助要怎样回报？

禅师：真诚地、及时地表示谢意。这样能让对方充满信心继续传递着友爱与真诚。学会致谢，也是学会生存与生活。这叫感谢。

弟子：怎样能常怀感恩之心、常有感恩之情？

禅师：对养育自己成长的双亲、心心相印的爱人、情重如山的友人，对阳光雨露，对红花绿草，都要心存感激，是他们改变了我们的生活，关爱了我们的生命，美化了我们的世界。

【原文】

子贡问曰：有一言而可以终身行之者乎？

子曰：其恕乎！己所不欲，勿施于人。

【出处】

《论语·颜渊第十五》

【大意】

子贡问孔子：有没有一个字可以终身奉行的呢？ 孔子回答说：那就是恕吧！自己不愿意的，不要强加给别人。

【用途】

批评别人时，想自己。原谅自己时，想别人。

信篇第四

网开一面

南海岸边，一老者悠然垂钓。

先生，可钓得上来鱼？我问。

老者平淡而不失礼貌，钓得上来，两个小时钓一条了。

这也叫钓得上来？

老者感觉出我的疑惑，说前些年能钓不少鱼，而且有大鱼。如今不叫钓鱼，是被鱼钓。

老者幽默。继续说，多数人为捕鱼不择手段，网做得越来越密，很小的鱼也不放过。人多鱼少，船大鱼稀。

那年在渤海与渔民出海，船开出一个多小时，早已是两眼茫茫的水世界。渔民下网，正想雀跃，看网中只是几条鱼虾。巧妇能为“无米之炊”，几人依然围炉而坐，吃了一次精致细微的小海鲜。

南海、东海、渤海都是海，但人心却早已覆盖了海洋。比海洋辽阔的是天空，比天空辽阔的是人心。人心不足蛇吞象。

老者说，近年禁渔期也缩短了时间。

稚、幼鱼是用来长大的。禁渔期短，则不论大小格杀勿论。鱼的繁殖就会少，一少就会有人抢。像买火车票、挂名家号一样，排在前面的就有，排在后面的就没了，于是人们便插队、加塞儿、投机。

有些国家的钓者是带着尺子的，钓上来的鱼尺寸不够，会自觉地放回鱼池或大海。

杀鸡取卵与竭泽而渔一样卑劣，必然导致资源萎缩，结果是为了一己之利，损害他人、社会、国家、民族和自然。

夏商时代，就有阳春三月，不拿斧头进山林砍伐，让草木自然生长，不拿网具到江河、湖泽去捕捞，让鱼鳖好好成长的习惯。因为这个时节，正是它们要成长的时期。

而现在的人们可以对任何事、任何人下手。只要现在好受，管你明天如何！

夏朝，商汤散步，见一人在野外四面张网捕鸟，嘴中念念有词，无论天上来的还是地下来的鸟都能进入我的网。商汤对捕鸟人说，太残忍了，鸟儿恐怕被你捕光了。说罢，便拆掉三面的网。并小声祷告，鸟儿啊，你们愿左飞就往左飞，愿右飞就往右飞，实在不想活了，就进入网里来吧！

这个故事，叫网开三面，也叫网开一面。

想让自己生存得好，有个法则，就是给别人，给社会，给资源留点什么，别斩尽杀绝。

【原文】

子钓而不纲，弋（yì）不射宿。

【出处】

《论语·述而第七》

【大意】

孔子只用（有一个鱼钩）的钓竿钓鱼，而不用（有许多鱼钩的）大绳钓鱼。只射飞鸟，不射巢中歇宿的鸟。

【用途】

索取当有度，急躁伤子孙。

四个毛病

1.

朋友在机场买了书和饼干。专心致志读书时，突然发现，身边男子伸出手理所当然地抓起放在两人中间的饼干吃了起来。

朋友心有不悦。但也从那个盒子里拿饼干吃，想用行动告诉之，这是我的饼干！

没想，那“偷”饼干人居然没半点不好意思，继续吃。剩下最后一块时，男子终于不太自然地笑了笑，拿起饼干掰成两半，给她一半，自己吃另一半。

眼看一陌生的男子厚颜无耻地把自己饼干吃完，朋友心中生气，太没教养了！

当她在飞机上坐好开始翻包时，突然摸到自己的那盒原封未动的饼干！

感触：有些事情不是你想象的那样，别凭主观臆断评价人。

2.

2012 年 9 月 28 日，美国总统奥巴马以威胁美国国家安全为由，签发行政命令禁止中国三一集团在美国俄勒冈州一军事基地附近兴建 4 座风力发电厂，要求两周内撤走全部财产和装置，并在 90 天之内从这个风力发电项目中撤出全部投资。

为维护权益，三一集团向美国哥伦比亚特区联邦地方分区法院递交诉状，状告奥巴马！

有人说这案子绝对赢不了，我说不一定。上海海事法院对一起延宕

20年的诉讼案件作出一审判决，判决被告日本商船三井株式会社赔偿中方原告人民币约1.9亿元。这是发生在抗日战争时期的租船案，历经“中国船王”陈顺通三代人的努力，终于，在2007年的初冬获得胜诉。

感触：国强春天至，官司可打赢。

3.

禅师夜间打坐。小偷从供桌下拿钱，正转身要出去，禅师突喊，刚才拿了佛祖的钱，不说声谢谢就走吗？小偷赶紧向佛祖道谢。不久，小偷犯案被抓，招供说还偷过寺庙的钱，警察把他带来庙里对质。禅师说，他是来拿过一些钱，不过不是偷，因他跟佛祖说谢谢了。后来，小偷被禅师的宽容感动，随其出家，成为一位很好的修行人。

感触：变通是一门艺术。

4.

人们说话时喜欢先说“我”，先说我就是把自己摆在前面，没有放下自我。有个领导批评没有敲门的下属，说我是领导，你竟然不敲门？下属说敲了，听见您说请进。于是，领导说下属没礼貌，下属说领导不诚信。

感触：太自我，失自我。

【原文】

子绝四：毋意，毋必，毋固，毋我。

【出处】

《论语·子罕第九》

【大意】

孔子杜绝四种毛病：不凭空揣测，不绝对肯定，不拘泥固执，不唯我独是。

【用途】

做事、讲话当对照。

不诚信，也诚信

武侠电影常有这样的镜头，二人独斗，一人体力不支，即将落败一方大喝一声，跟这样的魔头讲什么诚信！而后群起而攻之。

对讲诚信的人讲诚信，对符合道义的事行结果，是诚信的权变。刘备、关羽、张飞也曾“三英战吕布”。因为吕布是“三姓家奴”的反面典型，千刀共刃似乎也不为过。

孟子说，有德行的智者，说话不一定都讲信用，做事不一定都有结果，关键看是否合乎道义。

法国心理学家把许多毛毛虫放在一个花盆的边缘上，首尾相连，围成一圈，并在花盆周围不远处撒了一些毛毛虫比较爱吃的食物。毛毛虫开始一个跟着一个，绕着花盆的边缘一圈一圈地走，一小时过去了，一天过去了，一周过去了，毛毛虫还是夜以继日地绕着花盆的边缘在转圈，最终因为饥饿和精疲力竭而相继死去。

不诚信，毋宁死。毛毛虫付出了生命，但没有任何成果。其实，如果有一个毛毛虫能够破除尾随的习惯而转向去觅食，完全可以避免悲剧的发生。

不是每个诺言都要去实现，也不是每个人都可以无原则地相信，更不是固执在诚信的“花盆边缘”上一直累死。

诚信的标准建立于是否唯“义”所在。西汉时期著作《盐铁论》曾记载：虽有诚信之心，不知权变，危亡之道也。

有人说自己很诚信，实则在打着诚信旗号做不诚信之事。有人坚持诚信，却不能明辨真伪而盲目守信，结果被无原则的信用伤害。

【原文一】

子曰：君子贞①而不谅②。

【出处】

《论语·卫灵公第十五》

【助读】

①贞（zhēn）：固守正道。

②谅：为了信用而不顾是非。

【大意】

孔子说：君子固守正道，而不拘泥于小信。

【原文二】

有子曰：信近于义①，言可复②也。恭近于礼，远③耻辱也。

【出处】

《论语·学而第一》

【助读】

①义：指思想和行为符合正义、公益、公正的标准。

②复：实践之意。

③远：使动用法，使之远离的意思，此处亦可以译为避免、离开。

【大意】

孔子的学生有子说：讲信用要符合于义，（符合于义的）话才能实行；恭敬的态度在于容貌要庄重、和悦，行为合乎情理，才能远离羞辱。

【用途】

遭遇挫折，还做着毫无意义的努力就是您的不对了。最好的方法应是转变思路，另辟蹊径。

走吧，别停

2008 年，为了庆祝奥运会，从天津走到北京。最后溃不成军，一瘸一拐，两只脚磨得都是血泡，小腿肿得异常粗。觉得北京人特热情，常有出租车慢下来问我打不打车。

出发时间是大年初三凌晨 5 点，到达天安门广场是初五中午 12 点。整 12 点，一分不差。我预感，如日中天的日子快到了。

那些年，每年都走一段长路，少则七八小时，多则三四天。不惧寒风，不计飘雪，不惧冰冻。背着方便面，饥餐渴饮，晓行夜宿。

朋友说何苦折磨自己？我说怎么是折磨，你能把单位发的奖金、领导给的鼓励当折磨吗？他说那是奖赏。我说这也是奖赏，是对自己的奖赏。朋友愈发奇怪。我告知这是对自己的管理，小时候让妈管，在学校让老师管，到部队让条令条例管，参加工作让领导管，做了生意让市场管。如今，没人再管，就自己管自己。刚开始强制，慢慢成自然。每天在走。有条不紊、不离不弃、不亢不卑地走。

近两年带上了朋友送的计步器，走路更为精准。每天万步，不折不扣，不能少，可以多。春夏秋冬，风霜雨雪，花前月下，喜怒烦愁，一步一步地走。

那日，自桂林到湖南株洲，没有方便的高铁，只能坐特快列车。晚 9 点上车，才想起，讲课一天，没有走路。于是，放弃卧铺，独自行走。在车厢里伴随着旅客的呼吸，轻轻地走。快到株洲，步数完成。

妻子说我病得不轻，一大活人被计步器这小小的器件管着，亏不亏呀！

我说不亏，这是遵守规矩的情结。说了就做到。跟谁说了？没人听见呀，不做、不完成，没人看见呀！自己会看见，自己的心灵会知道。与其说是被计步器管，不如说是被自己的心灵管。人生在世，就要被管，如不被管，无法无天。

有媒体采访，说您 10 点休息，5 点起床，坚持万步，每日一文，毅力何来？我说，你能称赞早晨刷牙洗脸的人有毅力吗？她懂了，是坚持成习惯，习惯成自然。

坚持，是一种品德，是一种对人生，对自己，对家人负责的态度。

如同千里马，喜欢它不是因为它日行一千、夜走八百的速度，而是因为它坚持不懈、任劳任怨的品德。

【原文】

子曰：骥不称其力，称其德也。

【出处】

《论语·宪问第十四》

【大意】

孔子说：千里马值得称赞的不是它的气力，而是它的品德。

【用途】

力拔千钧与风驰电掣固然重要，但，从未停下，更令人尊敬。

穷与富

问读硕士的侄女，为什么学习这样努力？

想发展得好一些。

还有吗？

她很单纯地说，没了。

你很穷吧？

她有些诧异，问此话怎讲。

学习知识，是心灵穷；努力赚钱，是不富裕；一心当官，是权力小；做梦都想出名，是名气差。这些都是穷的表现。一个穷人，想得最多的问题，做得最多的事，就是改变贫穷。

侄女频频点头。

穷人首先要发愤图强，这叫“穷则独善其身”。经过奋斗后，自己不穷了，依然独善其身就会出问题。

出什么问题呢？她不解。

很可怕的问题。终其一生，已经富有，依然独善其身，就是自私。自私很可怕。因为你用智慧赚到钱，但有人没智慧，有健壮的臂膀，就用暴力来抢钱。也有人欺骗、偷盗，因为他们有欺骗和偷盗的能力，也想赚钱。还有人出卖色相，出卖尊严，只要可以赚到钱。于是，社会便很糟，每个人都在虎视眈眈地盯着别人的劳动成果。这个国家还会存在多久呢？

怎样才会好呢？

帮助他人。当自己有了智慧，有了能力，有了基础，有了钱财、权力、名誉、美丽和善良的心境，就去帮助他人。这叫“达则兼济天下”。只有心里想着帮助别人，自己才能过得安全，过得快乐。社会和国家乃至整个民族就富强了。

……

生活里，谁都愿意成为有用的人，有用即有“价值”。有了价值要做好事，别做坏事。俗话说，好钢用在刀刃上，自然需要方向指引，让人对事物有个好的认知，这叫“观”。连在一起叫“价值观”。

【原文】

子曰：君子怀德，小人怀土；君子怀刑，小人怀惠。

【出处】

《论语·里仁第四》

【大意】

孔子说：君子为了道德仁义可以志在四方，而不把自己仅仅局限在故土之上，修养不够的人却只顾留恋乡土而不知推行道义；君子敬畏国家的法律政令，避免因为违背道德仁义而身遭刑戮，造成对父母的不孝，对亲人的伤害，修养不够的人却只考虑是否有利可图，而不惜投机取巧，以身试法。

【用途】

在一个依法治国和以德治国相结合的社会里，您知道该怎样做。您说法律不健全？您说道德不值钱？心怀侥幸，必受其害。早点上道吧！

你的嘴，我的心

人要管住嘴。多吃害己，多说伤人。

有时没觉得自己多说，只是随便一说，却有人信以为真，痴心期盼。等了很久，不见回复。问起他时，诡异一笑，或猛拍大腿，说忘了，忘了，你瞧我这记性！

轻易承诺、爽快答应之人，一般都很少兑现。

最早说“亲爱的”要酝酿已久，鼓足勇气。如今随处可听，比“吃了吗”还自然。

去年有个女同学称呼我亲爱的，一下子心潮澎湃、面红耳赤，激动了好几日。后来发现她和谁都这样称呼。

是自己木讷，还怪人家多嘴？

酒桌上有人夸奖，你这衬衣真好，穿着特舒服吧？我说还好，明天也给你买一件吧。明日复明日，衬衣何其多。喝酒的话也当真？酒话也是话，为何不当真！

当一个人把别人的话不当真时，也已成为圆滑之人，社会称之“老油条”。当一个人激动时许诺，是因为对生活还有激情，若不激动也随意承诺，等同于骗子。

不想做骗子，也不愿意当“老油条”。多年来养成一个随身装本子的习惯，其作用就是记录与别人的信誓旦旦，次日检查，逐条去做。

还不是嘴给身子惹祸？

轻诺必寡信。寡信的代价是伤了一颗信任你的心。

人情是人情，事情是事情，心情是心情。别轻易答应人家办事。能力以外的承诺，会让你的位置在人眼中发飘。

【原文】

司马牛[①]问仁。

子曰：仁者，其言也讱[②]。

曰：其言也讱，斯[③]谓之仁已乎？

子曰：为之难，言之得无讱乎？

【出处】

《论语·颜渊第十二》

【助读】

①司马牛：姓司马名耕，字子牛，孔子的学生。

②讱（rèn）：话难说出口。这里引申为说话谨慎。

③斯：就。

【大意】

司马牛问怎样做才是仁。

孔子说：仁德的人，说话慎重。

司马牛说：说话慎重，就叫仁德吗？

孔子说：做起来很困难，说起来能不慎重吗？

【用途】

有人是先说后做，有人是先做后说，有人是说了也不做，有人是做了也不说。您属于哪种？

诚信，不是一个人的事

曾经。

给几位同学打电话，请他们为我的书写评论。大多欣然应允，也有支支吾吾、闪烁其词。半年过去了，有的早就写完并发表于报刊，也有信誓旦旦者到现在也无踪迹。

那日。

另一同学把长篇小说寄给我，让我给写评论，我大呼痛苦。首先要读。几十万字的作品要怀着审视与思考去读。每日除了工作、创作、应酬和家务，空闲时间甚少。于是加班。月余。朋友致电催促，显然他着急了。要把我的评论印发在他再版的作品上，言外之意同学中只找你一个，因为你的文品和人品俱好。

这是捧杀我。至高的荣誉和任务让我愈发紧迫。点灯熬油，把评论写完之后如释重负，终于可以交作业了。是把同学的信任当作业了。为何？力小而任重。

上月。

怀着恭敬之心，把新书寄给一做文学月刊主编的老师，并带客气，说请您给挑挑错。只是客气，并不真诚。或许，送给哪位朋友都说过这样的话，为了表达谦虚。有的说一定拜读，有的说学之不及，哪敢挑错，有的倍加欣喜，奉若好礼。但那位老师电话里有无奈与推卸，说我每天看那么多稿子，哪有时间给你挑错！

是我错了，不能让主编给挑错，因为他每天都给作品挑错。这不给人找麻烦吗！

突然想起那几位已经答应却迟迟没给我写评论的同学，他们应也像我一样忙，也如主编一样无奈。

一直有怨，觉得同学失信。既然答应，何不履行？

如今。

才发现是自己错了。把十几万字的传统文化典籍都读下来本身就是一番功夫，再博古论今、绞尽脑汁去写评论，不披荆斩棘、披星戴月恐难完成。

那么重的任务毫不客气地交给人家，也不给商量和推脱余地，还怨别人无信？是自己没有打好诚信的基础，没有给人诚信的准备和能力，如何扣一个不诚信的帽子！

【原文】

子曰：君子贞①而不谅②。

【出处】

《论语·卫灵公第十五》

【助读】

①贞：固守正道。

②不谅：为了信用而不顾是非。

【大意】

孔子说：君子固守正道而不能不顾是非地讲究信用。

【用途】

诚信不是足球，踢给对方就需要人家负责？

女人总多情

夫妻生活久了便少了热情，多了挑剔。刚开始挑剔，后来无奈。时常口头语：我怎么选了你？

新邻居是老两口。阿姨读了我书后甚是欢喜。说文字简洁，妙笔哲思，耐人寻味。我也欣慰。欣慰于知识分子邻居的优雅从容。

那日，妻子说，你不如王叔。

王叔是邻居男主人，长我20岁，会干活，有力气，人憨厚。装水盆、马桶、窗帘不雇人，干得井井有条。我不会干。家里换个灯管也找人帮忙。一次灯管坏了很久，妻子急了，登梯上高，亲自出马。边干边怨，我要你大男人有啥用！

我知道她说我不如，是不如王叔干活利索、手脚勤快。且对阿姨唠叨不急，不恼，无语。实在听不下去，才回敬一句半句。

她羡慕，说人家是真夫妻，彼此宽容，相互理解。

她羡慕的应不是宽容与理解，而是女人发言，男人行动，虽有委屈，却不声张。

因为修养不够，听不了妻子闲话连篇和动辄愤怒。于是就吵。大吵，小吵，连环吵，吵闹多年。奇怪，怎么吵也分不开。吵后常和解。无论谁起誓发愿，有时还立字为证，说下回一定不吵了。但到时继续吵，吵后接着合。一段时间二人没吵，妻子温柔如新婚燕尔。我说不行，太别扭，还是接着吵吧。

吵，不一定错。不吵，不一定对。夫妻之间是无理可讲的。只要过在一起，活在一起，证明不必分开。

阿姨直呼王叔的全名，说你要是能像张老师一样写篇文章，我连续干活一个月。

王叔说，我要是写文章估计得进监狱。

妻子说光会写文章有啥用，不会干活！你要像王叔一样家里家外干活，我听话一个月。

我说，要像王叔一样干活估计我得进医院。

哦，原来阿姨是少干活的，活大多由王叔干。妻子是少听话的，温顺状态是低于一个月的。

女人极为强大，强大到可以让作家的手去干活，让企业家的手去写作。真有意思。

【原文】

子夏曰：大德①不逾②闲③，小德出入可也。

【出处】

《论语·子张第十九》

【助读】

①大德：与下“小德”相对，犹言大节。小德即小节。一般认为，大德指纲常伦理方面的节操。小德指日常的生活作风——礼貌、仪表、待人接物、言语文辞等。

②逾：超越，越过。

③闲：本义是阑，栅栏。引申为限制、界限、法度。

【大意】

子夏说：在德操大节上不要超过界限，在细微小节上有点出入是可以的。

【用途】

人无完人。男人是人。英明女人，何必求全！

写给 12 岁的女儿

女儿：

生日快乐！

十二年前的今天，你落地成人。你，一天一天长大；爸，一天一天变老。但，这种长大和变老是自然，谁也没办法阻止。像日升日落、月圆月缺一样。

今日，无法陪你在身边。

是个遗憾。但每个遗憾的后面都有道理、有意义，或者有无奈。

爸爸的出行没有什么无奈，只是为工作。其实也不单是为工作，若只为了工作也是可以舍弃的，天下哪个爸爸不愿陪心爱的女儿过生日？

是为一种信念，或叫理想，或叫道义。

前段时间和北大的一位学兄约好，到河南来商量普及国学的方案。所以出行。你知道，爸爸此生为了国学付出的不只是刻苦，还有上下求索、至死不渝。是智慧，是胆识，是创新，是务实。不敢说自己仁德，应是稍具仁德。如今的中国，太需要仁德，太需要国学了！

时不我待。

恰巧，这位学兄的父亲去世。她致电于我，说事情突发，悲伤正浓，琐事繁多，日后再商量国学事宜，劝我别来了。

我说要去。要去吊唁，去送老人家一程。

我想她定是悲伤得不行。电话中哽咽，说父亲猝死。上午还打乒乓球，中午便撒手人寰。

人，生日一年有一次。死，一生只一回。虽然路途遥远，女儿，你说爸爸该去吗?

我为她发短信:又丽学兄,令尊离世,同悲共泣!此行:送亲,看您。下午发车,今晚到达,明晨离开。对我不必照料。友情后续。万望保重身体。生老病死,月圆月缺,人之常情,天之常态。既已哀,则当止。先父有灵,吾兄有孝,家人有爱。天下太平!建云敬呈。

今晨,在新乡的宾馆内给你写信。中午,你和妈妈、哥哥、姐姐在一起吃饭,唱生日歌。我在路途中,在飞机上给你祝福。

一个爱女儿的爸爸和一个爱爸爸的女儿,心心相通,还用拘泥于形式吗?

你是爸爸的骄傲。

从小学一年级到五年级一直是班长,而这班长是名副其实、不掺杂丝毫水分的。记得那年你病了两周。你不在班内的时候,同学们依然选你当班长,老师都交口称赞。

到了六年级,你是副班长。而这副班长更让爸爸骄傲。你和那位同学差一票,而她所多的这一票竟是你投的。似乎爸爸也做不到你这种大义、大气,社会上好多人也做不到这种心底无私。你这小小年纪却让我们这些大人佩服、尊敬。你的见地和心胸超越了你的年纪!

你从来不同意爸妈与老师多联系,生怕大人之间有些送礼、吃饭等俗不可耐的事情,你说自己要凭实力出现在学校、老师和同学面前。

是呀,人有实力,何忧何惧?爸爸多年来不也是凭实力立于社会吗!

咱爷俩不谋而合。击掌!

前几日,学校发礼品。每人一份。不少同学不自觉地拿了两份、三份,而你,坚持拿一份。你说要公平和正义。到家和妈妈谈及此事,为同学占小便宜的行为气愤不已!

又让爸爸欣慰。

这是气节。有志之士不饮盗泉之水、不受嗟来之食，何况一点点小便宜！人无气节便活得没有意义、不精彩！

你的童年是精彩的。

从小便出现在公众视野。歌声与身影时常在央视及各种活动中，前两年又受邀与宋祖英、周杰伦、刘欢、杨澜同台，报纸、网络上有对你整版的报道。奖状、奖牌摞起来快和你一般高了。

这一点我不如你，印象里我自小只得过一回奖状，不是差等生进步奖就是劳动标兵。但爸爸会向你看齐，努力创作，写出更多好的作品，争取著作等身。

似乎，你无一不在前列。是全国为数不多的优秀少先队员。学习、演讲、读书、唱歌、纪律、助人，就连体育也不落后。当然，你还有一种优势，超越很多同学，就是早晨读《论语》，晚上写哲理诗。

读《论语》会让你以后的人生更明智，写哲理诗会让你长大后更理智。希望你坚持下去，无论多忙，不要吝惜每天的二三十分钟时间。

当然，你还有一种优势，就是有一个与众不同的爸爸，这也是我的优势，有一个与众不同的女儿。

先写到这里，我要启程了。

再祝生日快乐。

但要说，生活里不只是生日快乐，还有不快乐，还有困难，还有烦恼，还有不顺心，还有不如意。真正的快乐，是把困难、烦恼、不顺心、不如意这些不快乐变成快乐。这才是人真正的本领！

爸爸

2014 年元月 21 日晨时 于河南新乡

【原文】

子曰：人而无信，不知其可也。大车无輗（ní），小车无軏（yuè），其何以行之哉？

【出处】

《论语·为政第二》

【助读】

古代的车子，车体前端伸出一条或两条直木，称为车辕，与车辕前端相连接的，架在拉车的牲口背上的曲木，称为车衡。车辕前端与车衡相衔接的部分是輗。大车指的是牛车，机动性差但载重量大。

軏，古代小车车辕前端与车衡相衔接的活销钉。小车指的是只有单匹或两匹马拉的车子，机动性高，但载重量小。

【大意】

孔子说：一个人不讲信用，真不知道在世间如何立足。就好像大车没有輗、小车没有軏一样，它靠什么行走呢？

【用途】

本来是出来晚了，非说路上堵车，你以为谁不知道？回归诚信吧，不然无法远行。

做一枚土豆该多好

在朋友处吃一道菜，土豆片烧螃蟹。最后螃蟹竟剩下大半，土豆被吃得干净。想是土豆入了螃蟹味，营养适口，便于夹起，才受欢迎。

突然有做一只土豆的愿望。可以切丝、切片、切块，可以蒸、烧、炖、烤，煎、炒、烹、炸，跟任何菜都能“混”在一起。实在寂寞，当薯条食用。价格不贵，价值颇高。跟螃蟹在一起，高贵；跟辣椒在一起，融洽；跟西红柿在一起，鲜亮。

似乎想不出土豆跟任何一种食材不搭配、不融合、不默契。但，从未表达，亦不炫耀，却总被忽视，无从提及。

这是一种精神，不争、无为的精神。什么是重要？有了它不觉得可贵，没了它慌了手脚。做一枚不精致，不优美，却不招人讨厌的土豆，挺好的。

或者，更愿意做一支大茴、一粒花椒，炒菜炝锅时浓香四溢，被油炸得糊黑一体，吃菜时被筷子夹出，挑在一边。这样也好。无论你是谁，无论做什么，定要竭尽全力地付出。如此，人生无悔。

人的价值不在于有没有钱，而在于有没有用。若有用，人家在背后赞誉，在死后怀念。是那种无半点虚伪的赞誉，是那种满怀真切的怀念。

【原文】

子曰：君子疾没[①]世而名不称[②]焉。

【出处】

《论语·卫灵公第十五》

【助读】

①没（mò）：离开，失去。

②称（chēng）：称颂、称述。

【大意】

孔子说：君子担心生前不努力，离开人世之后，而得不到后人的赞誉。

【用途】

钱，权，名，色，都是暂时的。趁还活着，干点有功德、不缺德的事吧。

一个开矿的故事

在一个人烟稀少的地方发现了金矿。

有人投资。建矿场，雇 100 个工人淘金，年获利 1000 万。矿主把其中的 60% 作为工人工资发下去，每个工人每年收入 6 万，他们拿 1 万租房子，剩下的 5 万可以结婚、生子、成家、立业和在业余生活满足个人兴趣。

矿主手里还有 400 万，于是继续投资。

工人手里有钱，要安家落户，所以，房子出现需求。于是矿主用手里的钱盖房子，租给工人，或者卖给工人。工人要吃要喝，矿主开饭店，把工人手里的钱再赚回来。开饭馆又要雇工人，于是工人妻子有了就业机会，也有了收入。

一个家庭的消费需求就更大了。

几年之后，在这个地方出现了 100 个家庭。孩子要读书，有了教育的需求，于是有人来办学校，工人要谈恋爱、约会，要消费，要休闲，于是有了电影院、超市、理发店、服装店、书店。过了几年后，人们的生活愈发富裕，有人开起了汽车 4S 店，还有宠物店、美容美体店、足疗馆、歌厅和酒吧。

50 年后。金矿资源快被挖光了，这里已经成了一个 10 万人左右的繁荣城市，矿主也成为这座城市的首富和最受尊敬的人。

在另一个人烟稀少的地方也发现了金矿。

同样有人投资开采，同样雇 100 个工人，同样每年获利 1000 万。

但。

矿主只把其中 10% 作为工资发下去，每个工人一年 1 万。这些钱只够他们勉强填饱肚子，没有钱租房子，没有钱讨老婆，只能住窝棚。矿主一年赚900万。一些年后，这里到处是穷人，满眼是饥荒。在本地再投资什么都不会有需求。

矿主城府高深，早把钱转到国外。因为在本地根本就不安全。他盖几座豪华别墅，雇几个工人当保镖，养了好几只大狼狗。

工人没前途、没希望，除了拼命工作糊口，根本没有别的需求。

50年后，这个地方除了豪华别墅，依然没有别的产业。等到矿挖完了，矿主准备带着巨款一走了之。

而这里的工人要么流亡，要么男的为盗，女的为娼。成了强盗的男人就去抢劫矿主，强奸了矿主的情人，然后把矿主杀死。

……

【原文】

子曰：放①于利而行，多怨②。

【出处】

《论语·里仁第四》

【助读】

①放（fǎng）：同仿，效法，引申为追求。

②怨：别人的怨恨。

【大意】

孔子说：为追求利益而行动，就会招致更多的怨恨。

【用途】

看到眼前利益，说明你眼力好；看到长久利益，证明你眼界宽。

吹牛，是犯罪的

弟子：有一户人家的一只鸭一次下了100个蛋。

禅师：据我的经验，一只鸭子没有那么大本领。

弟子：那就是两只鸭子一次下了100个蛋。

禅师：这也不太可能。

弟子：大概是3只鸭子吧。

任凭弟子口若悬河，禅师就是不信。

弟子便一次又一次地增加鸭子的数目，一直加到10只。

禅师：你把鸭蛋的数目减少一些不行吗？

弟子：那不行。宁增不减，不过瘾！

禅师摇头，脸有不悦。

弟子又说：上个月，天上掉下一块肉，有10丈宽，10丈长。

禅师惊叹：哪有这事，不可能的！

弟子不甘心，说那大概有20丈长吧。

禅师：世上哪有10丈长、10丈宽的肉呢？还是从天上掉下来的！掉到什么地方？你见过吗？你刚才说的鸭子又是哪一家的？

弟子略有羞愧：我是从街上听来的。

禅师：大概你也在微信上听说电影演员姜文死了吧？

弟子：对，对，他是死了！

禅师：他活得好好的，正准备起诉你们这些造谣生事的人。

弟子：啊？！

禅师：利用信息网络诽谤他人，同一诽谤信息实际被点击、浏览次数达到5000次以上，或者被转发次数达到500次以上的，应当认定为《刑法》第246条第1款规定的“情节严重”，可构成诽谤罪。处三年以下有期徒刑。你受得了吗？

【原文】

子曰：道听而涂①说，德之弃也。

【出处】

《论语·阳货第十七》

【助读】

①涂：通“途”。

【大意】

孔子说：从别人嘴里听了没有根据的话而乱传，是很不道德的。

【用途】

转微信和微博时当慎重。

活的证据

1.

自杀有两种意义，一是活着无望，厌世悲观；一是热爱生命，又不能抗争，寻一个死的尊严。

天津有个人叫袁德云，自小患先天性脊柱炎。连续多年，吃喝拉撒都在床上。每日疼痛。就连风吹窗帘，都会波动身心，如骇浪逐舟。生死不能。既然生死不能，不如一死了之。自杀四次未果。

老天爷非要留他一条活命？死不了，好好活！活出人样！看医书，学医术，尝中药，试针灸。中毒，解毒。解毒，中毒。曾经虽生犹死，还惧撒手人寰？

在不归之路归来了。获得中医学位，考下行医执照。有人说他的方子具“神气”。众多疑难杂症，皆是迎刃而解！

面对这样一个腰弯成近100度的人，不能正常走路，却战胜了命运，赢得了敬慕，救赎众多病痛。一个身体正常之人，不得不尊敬，不得不折服，不得不震撼。送他两个字：真刚强！哦，是三个字，送二赠一！

2.

福楼拜说，人的一生中，最光辉的一天并非是功成名就那天，而是从悲叹与绝望中产生对人生的挑战，以勇敢迈向意志那天。

有个朋友因为情感创伤，整天要死要活。一直好言相劝。那日说想自杀。我说呸！自私的家伙，有勇气就死。有机会让你见见袁德云，你就知道活着的证据是什么，就知道自己死得滑稽，活得窝囊！

但最好还是告诉他，人生一世，坚毅二字至关重要。

3.

见到袁德云第一面便想起了杜甫的诗：喜见淳朴俗，坦然心神舒。

喜悦应是二人共鸣。一个研究国学，一个精通中医，自然情感相融。他淳朴凡俗，我坦荡开怀。他气定神闲，我心清意爽。

淳朴常和善良在一起。这是一对放心的词组。在物欲、情欲和权欲横流的日子里，能有放心的喜悦，当不多见。

4.

美国电影中的阿甘是一个执着的弱智，智商只有 75。阿甘把自己仅有的智慧、信念和勇气集中于前方目标。他奔跑，在同龄人的石块下跑过了儿时嘲笑，在教练咒骂中跑过大学足球场，在枪林弹雨里跑过越南丛林，在冷战时期跑过乒乓外交的战场，在众人追随中跑遍美国。

智慧是可以成长的。当你木讷得只知奔跑，智慧便转换成极致。如曾经与死神拥抱的袁德云。

【原文】

子曰：刚、毅、木、讷近仁。

【出处】

《论语·子路第十三》

【大意】

孔子说：意志刚强、性格坚毅、秉性朴实无染、言语谨慎而迟钝，已经接近仁了。

【用途】

做个刚毅木讷之人。

有些坏事，却是好人干的

弟子：为什么有的仁德之人却受人愚弄？

禅师：因为不会学习，受人利用。

弟子：为什么有的聪明之人却行为放荡？

禅师：因为不知学习，自作聪明。

弟子：为什么有的诚信之人却害人害己？

禅师：因为不会学习，被虚荣、愚蠢所害。

弟子：为什么有的直率之人却说话刻薄？

禅师：因为不爱学习，又固执己见。

弟子：为什么有的勇敢之人却犯上作乱？

禅师：因为不懂学习，价值观偏离。

弟子：为什么有的刚强之人却狂妄自大？

禅师：因为不认真学习，流俗表象，实则外强中干。

弟子：我问了您六个问题：仁德、聪明、诚信、直率、勇敢、刚强，这都是人的优点，原来不学习就会物极必反成为缺点？

禅师：这就是人的六种品德和六种弊病。一定不能糊涂呀！

【原文】

子曰：好仁不好学，其蔽[①]也愚[②]；

好知不好学，其蔽也荡[③]；

好信不好学，其蔽也贼[④]；

好直不好学，其蔽也绞[⑤]；

好勇不好学，其蔽也乱；

好刚不好学，其蔽也狂。

【出处】

《论语·阳货第十七》

【助读】

①蔽：同“弊”，弊病，害处（下同）。

②愚：受人愚弄。

③荡：放荡，好高骛远而没有根基。

④贼：伤害。

⑤绞（jiǎo）：说话尖刻。

【大意】

孔子说：

爱好仁德而不爱好学习，它的弊病在于受人愚弄；

爱好智慧而不爱好学习，它的弊病在于行为放荡；

爱好诚信而不爱好学习，它的弊病在于危害亲人；

爱好直率却不爱好学习，它的弊病在于说话尖刻；

爱好勇敢却不爱好学习，它的弊病在于犯上作乱；

爱好刚强却不爱好学习，它的弊病在于狂妄自大。

【用途】

1. 自省其身；

2. 观过识人；

3. 教育下属、子女。

礼篇第五

说心累

活得累，是心累。心累体不支。那时最渴望的状态是大脑简单，四肢发达。

心累，就要歇心、养心、静心。继续累，会出事。最早压力，继而厌烦，最后恐惧。对生活恐惧了，就是输了。不是输给生活，而是败给自己。

不妨走出家门，感受山水，体悟自然。大概叫旅行吧。旅行是人与自然的亲密接触，可以放松心境，舒展情怀，忘却烦愁。一日半日，三天两天，千里百里，独行结伴，皆可安然。

以山水为友，与心灵对话。淡化闲言碎语，消除误会隔阂，不计你是我非，哪来暗斗明争？

人在山水间甚是渺小，渺小之人总想伟大。所以，寻山问水，踏风赏月，登高远望，望山之重叠，水之蜿蜒。振臂高呼，无人响应，只有山谷回响。孤独，是错吗？再喊。山高水流。任你震耳欲聋，顷刻鸦雀无声。

在山水面前切莫自大。因为山之弥高，水之悠远，岂是人之所及！人当与山水相融，取之灵气，汲之精华，纳之空旷，受之风骨。

在高山景行中谦逊努力，在奇峰罗列中重塑雄心，在连绵起伏中稳健前行，在山明水秀中放飞心志。山雨欲来，是否知晓？

仁者似山。

可信赖，可托付。矗立不变，万物包容，壁立千仞，仁者雍容。站得高，看得远，提得起，放得下。沐浴风霜，万年依然。

上善若水。

奔流不息，哺育生灵。或方或长，万折必东。穿岩凿壁，从无惧色。

万物入水，荡涤污垢。冬日冰冻，春天开融，夏季凶猛，秋却安静。时而柔和，时而锋利，时而难于追随，时而深不可测。

灵活多变，伺机而动，见势而发。不固执，能破能立，可进可退。既能随遇而安，也可另谋发展。

智者如水。

人生既是修行，心累亦是自然。

胸中有丘壑，融入山水间。回去吧！自何处来，回何处去。只要心宁，不闻水声。花瓣虽落，心亦安然。

心，不再累。情，不再悔。

仁者爱山，智者爱水。而您，山水皆爱。

【原文】

子曰：知[①]者乐水，仁者乐[②]山。知者动，仁者静；知者乐，仁者寿。

【出处】

《论语·雍也第六》

【助读】

①知（zhì）：同“智”。

②乐：喜爱之意。

【大意】

孔子说：智慧的人喜爱水，仁德的人喜爱山。智慧的人活跃，仁德的人沉静；智慧的人快乐，仁德的人长寿。

【用途】

智慧，仁德，活跃，沉静，快乐，长寿，您都需要。

我说的是结果

下午。

和新来的助理说，帮我买张高铁票吧？

他爽快答应，立刻操作，网上购票。

估计快要下单了，问他，你给我买到哪里的票？

不是天津吗？

我没说要去天津呀。

可您前两次都是去天津……

这次去北京。我觉得买票的最基本要求就是买对车次，若买完没用，岂不麻烦？

他连连称是。

感悟：凭经验办事不牢靠。一般说“我以为”都是错的。

去年。

有客人来访。工作人员在玻璃杯内倒了一大杯滚烫开水，给客人放在茶几上，礼貌一笑，翩然而去。直到客人离开，水也没喝。何止没喝，连端起杯子的机会都没有。之后分析，他之所以没机会，是因为杯子太热，再加上夏天高温，一般人都难以喝掉高温开水。

我与工作人员开玩笑，给客人倒水的目的是什么？

喝呗！她轻松作答。

可你倒了 100 度的开水，人家能喝得下吗？

她脸一红，感觉出自己粗心。

感悟：倒水是服务，服务终端是喝水的人。不该只图自己方便，而忽视了被服务者的感觉。理想的做法是，水温70度，礼貌递到客人手中。记得中途回来查看，若杯子已空，再次加水哟！

上月。

听一著名教授在天津大学讲课。台上炙热的灯光烤得他大汗淋漓，为了不失精彩，他无暇顾及，但能感觉出有些口干舌燥。

主持人第一次为他送了一瓶矿泉水，第二次送去一摞餐巾纸。但都放在自己主持的小讲台上。教授却在舞台的正中讲课。

估计教授没看见。即便看见了，若径直走过来喝水擦汗，定会有中场休息之感。教授在汗流浃背和口舌生烟的“上甘岭”下结束授课。

我特着急，非常理解在舞台灯光下被炙烤的感觉。幸亏是先生，若是化妆的女士，早就胭脂变成红泥巴了。

感悟：做事情定要遵循两原则：一是利他性，二是结果性。既不利他，又不重结果，做得都是无用功，这叫费力不讨好。

人有格局，是知天命。还要懂礼仪，不然无法立足于社会。更要分析别人需求，不知道给予别人帮助，便无法使自己成长。

【原文】

孔子曰：不知命，无以为君子也；不知礼，无以立也；不知言，无以知人也。

【出处】

《论语·尧曰第二十》

【大意】

孔子说：不懂得天命，就不能成为君子；不知道礼仪，就不能立身处世；不善于分辨别人的话语，就不能真正了解他。

【用途】

知命、知礼、知言，是一个成功者最基本的素质。

说一说对号入座的女人

1.

刘姨说与老伴两地分居二十多年。

问老伴工作、年龄和性格，刘姨喜悦，一一相告。为何不团圆？刘姨说太远了，他在天堂，我在人间，一时半会难以团聚。

突然觉得有些唐突，原来叔叔早去，刘姨一人带女儿，经风霜、历冬夏，过生活。如今一心为朋友们调理身体，击打督脉，帮众多人神清气爽、气定神闲。

提及故去的叔叔，刘姨没有半点伤感。滔滔不绝，满是幸福。这幸福是对曾经拥有的满足，并已转化成不折不扣的快乐。这快乐，来自于坦荡、守望和忠诚。对叔叔的忠诚，对生活的忠诚，对自己的忠诚。

被她的忠诚感动、感染。然后感怀。

2.

感怀于现代夫妻。也忠诚。对金钱忠诚，对相貌忠诚，对权力和名誉忠诚，就是对人品不太忠诚。

身边有一大批剩女。从二十几岁到四十几岁，有的风姿绰约，有的靓丽清纯，有的容颜正好，有的风韵犹存。但，大多独身。

独身的理由，太好的找不到，太次的不愿嫁。有的实在寂寞难耐，就试婚，就闪婚，就歪婚。何为歪婚？有奶是娘，人尽可夫。只要日子好过，管你何等男人。

女人管不了男人是个悲哀，意味着时代倒退。因为，男人管天下，女人管男人。假如，女人被男人的钱管着，世界末日就快到了。

这叫大不敬。对事不敬，对人不敬，对世界不敬，对心灵不敬。

3.

女人要有规矩。有读书的规矩，优雅的规矩，温柔贤惠的规矩，相夫教子、孝敬双方父母的规矩。

而这规矩，看似是对女人立的，实际都是为了让女人成长、成熟、风光与伟大。丈夫好了，自己就好了，儿女好了，自己就好了，爹妈、公婆好了，自己就好了，世界也好了。

女人问，为丈夫，为儿女，为父母，为世界，何时为我自己？我说你傻得可爱。丈夫、儿女、父母和世界都是你的，还说不是为自己？

捧着金碗要饭，您说是谁的错？怀揣宝玉，非要往乞丐堆里扎，就是您的不对了。

4.

总说自己男人不好，估计就是女人不好。就像人看谁都不顺眼，必是自己错了。

【原文】

子曰：居处恭，执事敬，与人忠。

【出处】

《论语·子路第十三》

【大意】

孔子说：平常在家规规矩矩，办事严肃认真，待人忠心诚意。

【用途】

不止爱情，不止婚姻，还有生活。

说句好话，做个好人

早晨走路。一小狗跳跃地窜向我。开始吓一跳，当再次窜向我，才知不是袭击，是暧昧。狗爪的泥染蹭于我裤子上。略有不爽。狗主人于身后大喊，踢它，踢它！

明白狗主人的不护短之举纯属客气。狗虽有错，却教狗有方。即便如此，也怒气全消。人岂能踢狗！

这是说话的艺术。

上次在邻居家做客，其小儿子一会揪我头发，两会捅我软肋。邻居震喝一声，打他，打他！即刻帮我解围，小孩停止对我调戏。既管教了孩子无礼，也维护了我的尊严。听着心里很舒服。

若邻居说，叔叔怕痛，与叔叔玩下手轻点。估计，我就遭殃了。假如狗主人抱起狗二话不说，转头就走，即便不追上去踢几脚，心里也会有些许不悦。

同样的话不同的表达，得到的效果自然不同。

女士很胖。有人说，你真太胖了，需要减肥呀！另一人则说，从前您一定是个很苗条的人。女人会更喜欢哪一位呢？

领导与下属说，我不同意你今天休假。若换一种说法，我希望你重新考虑一下你今天休假的想法。下属心里能没数吗！

孩子去买鸡蛋，快到家门口摔倒了，鸡蛋碎大半。妈妈说，鸡蛋都摔碎了，你怎么这么不小心！而另一位妈妈说，摔疼了吗？没关系，以后注意，鸡蛋碎了可以再买，宝宝摔痛了，妈妈心疼呀！鸡蛋虽碎，但母子情深。何乐而不为！

两名保龄球教练分别训练队员。队员都一球打倒 7 只瓶。教练甲对自己队员说，很好！打倒了 7 只。队员听了赞扬很受鼓舞，心想，下次一定再加把劲，把剩下的 3 只也打倒。教练乙则对队员说，怎么搞的！还有 3 只没打倒！队员听了教练的指责，心里很不服气，暗想，你咋就看不见我已经打倒的那 7 只。结果，教练甲的队员成绩不断上升，教练乙的队员打得一次不如一次。

同样的成绩，换一种说法，却有截然不同的效果！

把好话说好至关重要。当然，若不知道时瞎说，知道了却不说，不看人家脸色使劲地说，就是您的不对喽！

【原文】

孔子曰：言未及之而言谓之躁，言及之而不言谓之隐，未见颜色而言谓之瞽[①]。

【出处】

《论语·季氏第十六》

【助读】

①瞽（gǔ）：盲人。

【大意】

孔子说：还没有问到你的时候就说，是急躁；已经问到你的时候你却不说，叫隐瞒；不看人脸色而贸然说，是瞎子。

【用途】

即使您有好心，却没好话，也不易做个好人。

快乐，是境界

坦荡方为君子。

多优秀，也有人对你不屑一顾。再不堪，仍有人把你视若生命。有人诽谤，何以息谤？无辩。有人怨气，何以止怨？不争。

烦恼，来自于纠结。可能是别人不懂，可能是自己无知。

日本白隐禅师是大修行者。

邻近有一位美丽女孩未婚怀孕。女孩父母非常生气，严厉地逼问女孩的生父是谁。女孩先是不说，后来实在躲不过去，说出了白隐禅师名字。

父母亲勃然大怒，杀气腾腾，找白隐禅师算账。

禅师听完后，淡然平和，问：是这样吗？

孩子出生，被送到白隐禅师那里照顾。此时白隐禅师早已名声扫地，而他并未因此而气馁。默默忍受种种白眼非议，独自准备孩子所需的一切东西，细心照料幼小生命。

一年后。

年轻妈妈忍受不了良心责备，终将实情告诉父母，孩子生父并非白隐禅师，而是外村一年轻人。

父母得知真相后大吃一惊，羞愧难耐，即刻找白隐禅师致歉，诚恳请求宽恕，并将孩子领回。

白隐禅师把孩子送还，只轻轻地说一句：是这样吗？

冤不怒，誉不喜。禁得起诽谤，受得了冤屈，扛得起担当，放得下身价。是境界。是快乐境界。

【原文】

子曰：人不知而不愠，不亦君子乎？

【出处】

《论语·学而第一》

【大意】

孔子说：人家不了解我，我却不恼怒，不怨恨，不抱怨，难道不是君子的境界吗？

【用途】

努力生活，不去计较。

和您一起做君子

在微信群和朋友圈有个司空见惯的现象，就是大家都拼命地发想法，转段子，分享心得，一般都是无处不在、时时刻刻地表达自己。

表达自己的目的是让人知道自己，读懂自己。于是谁都想多说，很少有人去倾听。因为每个人都觉得自己分享的是好东西。可好东西太多，就堆积成山、发霉变质，成了垃圾。有时候，微信群也是垃圾群，朋友圈也是垃圾圈。每天几个亿的人在微信上使劲地说，疯狂地说。制造多少垃圾呀！

嘴有两个功能，吃和说。但，吃多了伤自己，说多了伤别人。

常用微信的人，无异于在伤人，同时也被别人伤。常在江湖飘，哪有不挨刀！

嘴是心的门户，如果门户防守不严，家中机密就会泄露。意志是心的腿脚，如果意志不坚，就会摇摆不定走上邪路。

若冲动是魔鬼，则多说是小鬼。小鬼多谗言。后悔没用，说出的话没有如果，只有结果和后果。

【原文】

子曰：君子欲讷于言而敏于行。

【出处】

《论语 · 里仁第四》

【大意】

孔子说：君子的修养要尽力使自己做到话语谨慎，做事行动敏捷。

【用途】

话少说，愿少许，多倾听，做君子。

谁让谁舒服?

小区内有几个小超市，有意无意间形成了竞争。鸡蛋卖三块很低了，另一家则降到二块九，其他家就二块八、二块七地降下去。

有一家超市从不打价格战，而且生意极好。昨天，妻子让我从那家超市取回存放的快递，才明白它好在哪里。

那超市有一排空置货架，没有琳琅的商品，而是为业主存放快递。小区内有60栋楼，老板留出6层货架，10栋楼为一层，专门为无人或不方便的家存放邮件。很多人把存取邮件当成习惯，之后，顺便捎一些茶米油盐酱醋茶。

突然想起20世纪80年代的故事。

兄弟俩经常出入母亲的杂货店，店里也卖信封和邮票。当时邮票是不赚钱的，从邮局按票值进，然后以同样的价格卖出。之所以卖邮票，完全是为了吸引顾客买信封。而卖出一个信封，所赚的利润也是微乎其微的。

令兄弟俩不解的是，母亲还为顾客提供胶水粘邮票和信封，提供桌椅和笔让顾客填写信封。当时，卖出500个信封所赚的利润才能买到一瓶胶水。算下来，卖信封不仅赚不到钱，甚至赔钱，但母亲却坚持这样做。

母亲说，顾客在这里填好信封，并封粘好，就不必到邮局去寄信了，就可以直接把信送进街上的邮箱里。看起来是赔钱了，但我们为顾客提供了方便，顾客感受到温暖，自然喜欢到我们这里来买东西。再说，很少有顾客单纯来这里买信封和邮票的，一般都会顺带买些别的商品。

兄弟俩明白了，为什么附近几家杂货店的生意没有自家的兴隆，是母亲免费提供胶水，让顾客感到温暖，感到被尊重，从而乐意到自家的店里来消费。

免费，让人舒服。

最早淘宝免费，把易趣打败了。360免费，卡巴斯基（杀毒软件）不见了。微信免费，移动、联通和电信坐不住了。天津平安寿险在免费帮客户普及《弟子规》和《论语》，你让人家庭幸福了，谁还不都上你的保险！

经营与处世是一个道理，看谁让别人更舒服。你爱护多少人，就有多少人爱护你；你帮助多少人，就有多少人帮助你；你成就多少人，就有多少人成就你。

【原文】

子曰：夫仁者，己欲立而立人，己欲达而达人。

【出处】

《论语·雍也第六》

【大意】

孔子说：仁爱之人，自己对人建立仁爱之心，别人才会对你仁爱，自己对人豁达（宽容），别人才会对你豁达（宽容）。

【用途】

把方便、喜悦和利润给别人，您自然方便、喜悦、有利润。

你会后悔的

这里是我国某一线城市的远郊，闻名遐迩，历史久远。

因事走到该市城区中心小街，林林总总的店面，树立的牌匾早被风吹雨淋而无从更换。本是新区，却显陈旧。耳边传来稀里哗啦的麻将声，侧目望去，一对外营业的牌厅正如火如荼。再一细看，牌厅里端坐的竟然是年轻人。

心中生出些许敬意。人家城市的管理和福利到了无忧之态，年轻人就可心无旁骛地玩牌，他们退休了吗？

看那些人神情专注，如蚊子叮住凝血。估计是玩钱的。玩钱有刺激，有刺激有动力。这叫赌博吧。

赌博？太佩服这城市的治安了。光天化日之下，车水马龙之街，开门赌博，大摇大摆！

大异其趣。

或许是我贼人心多。可能人家是一种高贵的修养，一般人想修为大概还坐不定呢！在经济发达，生活小康，人情温暖，社会主义核心价值观普及之时，年轻人无所事事，闲之无聊，玩之有趣，不分闲忙地打起麻将来了。

本来是与这地区有业务合作的。看到此景，不禁感叹，望之生畏。孟子说，人类的生活是需要规范的，吃饱了，穿暖了，住得安逸了，如果没有教养，那跟禽兽没有什么两样。

实在看不得年轻人打麻将。是浪费时光还是蚕食生命，我说不出来。

还看不得年轻人钓鱼。早晨上班，常在运河边看到三两年轻人彻夜垂钓。于是，快步前进，迅速远离。担心这悠闲的习惯拖住我，掉进河中，被人当鱼。更担心年轻人的心被鱼钓去。似打麻将者，博弈中早就被麻将打得斗志全无，心灵晦暗，满头是血，还乐在其中。

如吸毒。飘飘欲仙，梦在其里。但每一次纵欲，都与死亡又近了一步。

打麻将和钓鱼的年轻人，戒了吧。若实在不愿意立志、修身、齐家、治国、闯世界、赚大钱和平天下，那么下下棋、打打球、健健身也行，不讲究，就将就。人的生命是有限的，别浪费年轻，珍惜吧。

【原文】

子曰：饱食终日，无所用心，难矣哉！不有博弈[①]者乎？为之犹贤乎已。

【出处】

《论语·阳货第十七》

【助读】

①博弈：博，即六博，古代的一种棋局游戏，近似后代的双陆；弈，即围棋。

【大意】

孔子说：整天吃得饱饱的，一点也不肯动脑筋，这样的人可真是无聊啊！不是有下棋之类的游戏吗？玩玩这些，也比一点不动脑筋好啊。

【用途】

你会后悔的。

别装了，醒醒吧

工作室搬迁。运输最多的是书，扔掉最多的也是书。

有用的书到何时都有用。无用之书，刚开始有用，过一段时间就没用。

人们特愿意出书。在机场书店内最打眼的就是明星、主持人、财富大亨的传记。有些传记当红一时，有可能还没读完，传主便被纪委“请去喝茶了”。

新华书店内几万册、十几万册书，浩如云海，有些新书刚刚上架，就被后一轮新书覆盖。生活中有两个贬值特快的事，一个是新书上架变旧书，一个是新娘结婚成老婆。

孔子说自己从来没有创作过，只是将古人的智慧心得加以陈述，并没有加入自己的思想。而我们今天，有些人十分喜欢抄袭别人，当作者指责时还据理力争、对簿公堂。无论是是电视剧、演艺节目还是其他作品，原创越来越少，横抄国际，纵抄古人，中抄同行。

一连几日总有一微信读者转我文章，只是每次都把我名字去掉。当我提醒他忘记作者名字了，他说张老师你是要传播你的文章，还是传播你的名字？听他这一说，我倒成沽名钓誉之辈了。我问他，若生了儿子不姓你的姓，你愿意吗？他久久无语。

古人是不轻易出书的。因为需要先“立德”，再“立功”，然后才能“立言”。哪像今天，提着别人的作品，非说是自己的真知灼见。

出书是个乱象，学习也是麻烦的事。有些有钱的人会花大价钱去名校与名师学，而学习时却花大把时间与同学喝酒、搞关系。有些没钱的人学习之前先换衣服，换成唐装或汉服，见人就鞠躬，每餐都吃素，说在学传统文化。于是就有人利用他们这种人来赚钱。

出书是为了自己好受，学习是为了做给别人看，张口闭口说要孝敬父母，至于鞠躬吗，因为别人都鞠，就跟着一块鞠。看着风风光光、正人君子，有可能家里老婆满腹牢骚，孩子正疯狂地玩着电子游戏，父母正望眼欲穿盼儿来电话问候一声。

醒醒吧，别装了！

【原文】

子曰：礼云礼云，玉帛①云乎哉？乐云乐云，钟鼓②云乎哉？

【出处】

《论语·阳货第十七》

【助读】

①玉帛：玉器和锦帛，即礼仪和祭祀用的礼器、礼品。

②钟鼓：钟和鼓。

【大意】

孔子说：说礼，说礼，难道说的是玉帛吗？奏乐，奏乐，难道奏的是钟鼓吗？

【用途】

一时的荣耀如鲜花一般，挺不了几天便会枯萎。沉静心灵，稳健前行，是最好的选择。还是别人云亦云了。

识别欺骗

受一个人欺骗能识别，是智慧。受一群人欺骗能识别，是英雄。

朋友的孩子突然抑郁、厌学，想自杀。她受骗了。不是受一个人骗，而是受一群人骗。这一群人骗之无形，爱之有踪。还说是在爱她、鼓励她。

女孩被爱和期盼围绕，但顶不住压力。于是选择放弃。放弃学业、老师、父母、亲朋和青春，走向抑郁甚至自杀。

我救了她。

告诉她你的老师、父母骗了你。一个活在骗子世界中的人，或者成为骗子，或者被骗子骗死。

她惊诧。

我们可以理解真骗子，其目的是为了生存，家里可能有妻儿老小。但不原谅打着“爱你”旗号的人骗你。更不能容忍的是他们一直认为、一致认为这是爱。你若退步、退学、跌进谷底，就伤了他们的心，要了他们的命。

那个努力的、虚心的、有礼的、可爱的女孩学习一直名列前茅，能考第一，不考第二；学习第一，生活第二；分数第一，生命第二。

差一分就痛苦，退一名便伤心。老师特看好她，因为在全年级千名学生中，她总能脱颖而出，稳坐“头把交椅”。老师脸上有光，同学羡慕，家长关切。

她把学习当生命了。用生命学习，能不第一？

都说中国足球进世界杯难，给你四年时间训练，出不了线，连球员带教练一块枪毙。能不出线？这叫用生命踢球。

女孩胆怯。不敢考第二。一次失误，老师、家长、同学投来质疑、批判的目光。当然也有鼓励。这鼓励无异于给那匹筋疲力尽的马狠狠地抽一鞭。这马，慌不择路，拼命前冲，迷失方向。

我说这些人都在骗你，而且是善意、愚蠢地骗，因为他们自己不知是在骗。而你，应该识别欺骗，做个英雄。

如何做个英雄？她问。

努力学习，不被成绩、分数所累，因为那不是你的全部。

她突然开怀。笑了。笑得灿烂。

我告诉她闲暇读传统文化。便不痛苦，且格局愈宽、心情舒畅。

她又笑了。那是一种生命之花绽开的美丽。

【原文】

子曰：君子博学于文，约①之以礼，亦可以弗畔②矣夫③。

【出处】

《论语·颜渊第十二》

【助读】

①约：约束。

②畔：同“叛”。

③矣夫：语气词，表示较强烈感叹。

【大意】

孔子说：君子广泛地学习古代文化典籍，又以礼来约束自己，也就不离经叛道了。

【用途】

若您的孩子有问题，别忘记学习传统文化。

君子三变

陈宝贵是享受国务院津贴的全国名老中医，也是天津中医药大学教授、博士生导师。先生与共和国同年、同月、同日生。

我叫他陈爷。最初指孩子叫，后来变成为礼节性代名词。我这样叫，好多人也这样叫。

陈爷幽默。

他说，我在国际比国内名气大，在国内比在天津名气大，在天津比在武清（天津的一个区，是我和陈爷的家乡）名气大，在武清比在家里名气大。我媳妇经常唠叨我，饭都做好了，你还不回来吃！

陈爷深刻。

从来不谈自己的成就。但我知道有央视主持人、社会名流、相关高级领导均找他看病。他有一种强大气场，不怒自威，威严中带着温和，温和里体现修养，谈起话来既有情理，也出人意料。病人还未看脉象，心情便愉悦放松，病好了一半。

陈爷名气大、医术高，但不知道到底有多大、多高。那日，听一领导述说与陈爷到陕西援建，才大开眼界，终见神威。

刚下飞机，接机大厅内已经排起长队，等着陈神医看病了。不顾鞍马劳顿，把脉、看病、开药。到达宾馆，还未下榻，宾馆大厅到院内已有众多人排队等候陈神医看病了。

陈爷激昂：

每当听到医生被病人伤害的消息就怒骂，怒体制不争，骂恶徒混账。说过去土匪劫道，都对医生网开一面。杀人者土匪不如，猪狗不是！

陈爷研制、发明的中成药——补肾安神胶囊，白天吃完倍精神，晚上吃了睡得香。神了！这是他对人类的一大贡献，解决众多人的失眠问题。而他，却谦虚，谦虚里有幽默，幽默中显格局。

撰小文，祝陈爷。65 岁生日快乐！与国同寿，与国同庆，与国同德。

【原文】

子夏曰：君子有三变：望之俨然①，即②之也温③，听其言也厉④。

【出处】

《论语·子张第十九》

【助读】

①俨然：恭敬，庄重。

②即：靠近。

③温：温和、和悦。

④厉：严正不苟。

【大意】

孔子的学生子夏说：君子有三种变化：远望庄重，接近后温和，听其说话又觉得他义正词严，一丝苟且也没有。

【用途】

领导、名人，当有“三变”之境界。

不就是习惯嘛

一花盆从 7 楼坠落。众人惊恐，一片嘈杂与尖叫，纷纷闪避。

千钧一发。

恰好，那位著名的足球守门员经过这里，健步如飞，一个鱼跃，稳稳地将花盆接在怀里。

人们被惊住了，不敢相信眼前的一幕。停顿、静默片刻，爆发出雷鸣般的掌声、欢呼声、喝彩声。

突然，那球员将怀中花盆向空中猛地抛起，腾空跳跃，一脚踢了出去……

他忘记了，怀中的花盆不是足球。

这是习惯。

妻子不太理解，为何每天必走一万步，定写一篇文。无论多晚，多累。她奇怪，一个大活人怎么就被计步器管住？就被键盘管住？

人，小时被爸妈管，大了被老师管，再大一些被领导管、客户管。人到中年，要自己管自己。若管不了，就被一个器具管，被一个心愿管。

这是习惯。

有人喜欢消遣，有人把学习当消遣。有人喜欢安逸，有人把奋斗当安逸。有人喜欢索取，有人把助人、帮人、爱人当索取。有人喜欢拉帮结派，有人把孜孜不倦、和而不同当拉帮结派。

这是习惯。

水滴石穿，是习惯；冰冻三尺，是习惯；跬步千里，是习惯；溪流入海，是习惯。有容乃大、无欲则刚是习惯，以责人之心责己，以谅己之心谅人，也是习惯。

非“三更起，五更睡”，非“一日曝，十日寒”，而是数十年如一日的坚持，还有什么事情不能，不成，不好？

【原文】

子曰：性相近也，习相远也。

【出处】

《论语·阳货第十七》

【大意】

孔子说：人的本性是相近的，由于后天的学习不同才相互有了差别。

【用途】

有人问，为什么您有惊人的毅力？

您能说早晨刷牙洗脸是毅力吗？

不是，是习惯。

对，把解决困难、坚持做好当习惯。

管好自己的心

第一天听说王菲谢霆锋复合。想起冯巩的经典：就当自行车被人借走，骑几天又送回来。

不知二人被谁借走被谁骑。

第二天听说王菲怀上谢霆锋的骨肉。明眼人一看就知，任凭二人四天之内拼命缠绵，也不会如此迅速。应早就激情跌宕，雨润甘田。

第三天又听说张柏芝哭了。骂谢霆锋忘恩负义，独自纵情，不管孩子。自是该骂。哪个缺爹少娘的孩子，人格成长都有缺陷。这是母亲迷人曲线所不能弥补的。

第四天不知道又会有谁横刀立马、大闹情场。但，一定不是陈冠希。因为他没资格骂人，只有被骂。

婚姻真奇妙，换来又换去。像中国有个新兴的电子商务企业，叫“易物天下”。彼此需求都不花钱，用产品换。若对对方产品不感兴趣，也可以换，换来之后，和第三方、第四方再换。换来换去，总能换出利润和成绩。

前几天还说姚晨出轨。人家出轨还是卧轨跟您有啥关系？假如“雷锋出轨”，我就关注。因为这些年我们三辈人都白学他了！

是文章出轨解救了“马航”。当时MH370失联，家属痛哭，网络痛骂。社会、媒体一片喧嚣。正好，文章、马伊琍、姚笛三人把网民视线吸引过来。看来人们关注明星情色，胜过关注同胞生命。

又听说有个特别有钱、常做天使投资的男人嫖娼，电视剧中的那个好男人也嫖娼。好不容易嫖娼风过去了，又传出明星吸毒，不是一个，也不是两个，不知道到底是几个。重磅消息不断冲击人的神经。好莱坞100多个明星艳照泄露。好家伙，世界真乱！

【原文】

孔子曰：益者三乐，损者三乐。乐节礼乐[①]，乐道人之善，乐多贤友，益矣。乐骄乐[②]，乐佚[③]游，乐晏乐[④]，损矣。

【出处】

《论语·季氏第十六》

【助读】

①节礼乐：孔子主张用礼乐来节制人。

②骄乐：骄纵不知节制的乐。

③佚：同“逸”，即游荡、放荡。

④晏乐：沉溺于喝酒、纵情。

【大意】

孔子说：有益的喜好有三种，有害的喜好有三种。以用礼乐调节自己为喜好，以称道别人的好处为喜好，以有许多贤德之友为喜好，这是有益的。喜好骄傲，喜欢放荡闲游，喜欢大吃大喝、纵情歌舞，这是有害的。

【用途】

管好自己的心。

情何以堪

台上。

92 岁高龄、最高科学技术奖得主吴良镛院士手拄拐杖，在人民大会堂用 35 分钟站着做报告。

台下。

睡倒了一张张年轻、幸福的面孔。这些观众分别来自首都高校、科研院所以及部队高校等 60 多家研究院校，包括了理、工、农、医以及人文社会科学、艺术、体育等各学科的 6000 名研究生。

一个壮心不已、白发苍苍，一个毫无顾忌、小睡安然，形成强烈、悲凉的对比。

这些院校应是中国最好院校，台下学生应是中国“最好”的学生，称其精英，毫不为过。

而。

中国最好的学生，在中国最高级会堂，听中国最权威教授报告，竟然睡觉。是睡倒了自己，还是睡倒了中国？

学生为何会睡？

可能是昨晚学习到深夜，但我不知道是否纵情一晚上；可能是对课程不爱听，即使真的不爱听，台上是连习近平主席都尊敬之人，你却无半点敬畏之心、礼貌之举！是学习太多，道德残废，还是爹娘老子教育你如此对待师长？

吴老是以《志存高远身体力行》为题，从励志、选择、坚持、榜样、顿悟五个方面与学生进行分享的。

先生说，1948年我经梁思成先生推荐赴美国匡溪艺术学院求学，1950年学成后，应梁先生信中说到的“新中国百废待兴”的召唤，力辞种种诱惑，毅然从尚为英国盘踞的香港取道回国，投身到百废待兴的新中国建设和教育事业中，现在想来，如果当时留在美国，便没有此后几十年在中国建设领域中的耕耘和收获。

先生冒险、拒诱归国，为祖国建设呕心沥血，60多年过去了，看到的却是学生在睡觉！

我知道，有一种讲法会让学生们不睡，结合当今娱乐形式，离婚的、出轨的、赚钱的、当官的、出名的，甚至情色的。

吴老，您读得懂中国的孩子吗？

作为一名高等学府的学生，生活在有着5000年悠久文化的礼乐中国，情何以堪！

【原文】

樊迟[①]问仁。子曰：居处恭，执事敬，与人忠。虽之夷狄[②]，不可弃也。

【出处】

《论语·子路第十三》

【助读】

①樊迟：孔子七十二贤弟子内的重要人物。

②夷狄：古代泛称除华夏族以外的各族。

【大意】

樊迟问怎样才符合仁。孔子说：平常在家规规矩矩，办事、学习要谦虚恭敬、严肃认真，待人忠心诚意。即使到了夷狄之地，也不可背弃。

【用途】

在优越的生活里，和我们的孩子一起，多一些规矩、恭敬和忠诚吧！

别做盲人

弟子：有人总想多表达，没有问到他就发表言论。

禅师：这叫急躁。大多急功近利，内心不安。

弟子：有人明明知道，问到他时却闪烁其词或故作深沉，不讲实情。

禅师：这叫隐瞒。大多自作聪明，心有所图。

弟子：有人不分场合、不看人脸色就贸然乱说。

禅师：这如同于盲人，甚至比盲人还可怜。

【原文】

孔子曰：侍于君子有三愆[①]：

言未及之而言谓之躁，

言及之而不言谓之隐，

未见颜色而言谓之瞽[②]。

【出处】

《论语·季氏十六》

【助读】

①愆（qiān）：过失

②瞽（gǔ）：盲人。

【大意】

孔子说：侍奉在君子旁边，要注意避免犯三种过失：没有问到你的时候就说话，这是急躁；已经问到你的时候你却不说，这叫隐瞒；不看君子的脸色而贸然说话，这是瞎子。

【用途】

与人相处，言之有度。

一起读书的日子

一对夫妻因经常到图书馆读书而结合。心心相印，相知多年。相安无事。另一对夫妻在酒吧结识。男人有钱，女人有色，结婚时轰轰烈烈，离婚时凄凄惨惨。离婚原因是男人又有了更漂亮的女人。

以色相交，花落而爱灭；以利相交，利衰而交绝。用色换钱，不是婚姻，是交易。

由此求证，若想婚姻稳定，应经常读书，少去酒吧。

经常读书，就明理，也明礼。人一明白就有德，有德就容易上道。以德相交，以道相交，天荒而地老。

人到了不被贫困和安全所困扰的时候，就应做出选择。在富裕、富有时还能选择文明、优雅、从容，不膨胀，不傲气，不浮躁，是一生之幸，是后代之幸。别像有的明星，一出名就吸毒。

大到各党派，小到微信圈，都应慎言。那些永远聊不完的“吃了吗”“睡了吗”的话题可以少点参与，从别处抄来一段自己都不过大脑的话，发完后洋洋得意，就别点赞了。

若有时间，就多读一些书。若有力量，就帮助别人读一些书。自己读书，能把日子过好。帮助别人读书，能帮别人把日子过好。

常读书使人进步，总喝酒让人颓废。网络有“七日不读书，智慧输给猪”之说，古人有“三日不读书，面目可憎”之言。读书是至乐生活，人品乃最高学历。

曾经见人组建圈子，就觉得心有所图，不是急功近利，就是撒网捕鱼。现在想，自己也在组建圈子，组建读书的圈子。若让家人、亲朋都读书，我当是个好儿子、好丈夫、好父亲、好朋友、好亲戚。若让一个地区、一个城市、一个国家和一个民族都读书，不知道这算不算民族英雄。知道自己当不了英雄，也沦落不成狗熊。一心读好书、体悟读书好、专拣好书读。

什么样的书可以百读不厌？读经典。读国学，用国学。国学复兴，就能为民所用。我说的是复兴，不是复古。谁都想过个好日子，有个好伙伴，交个好朋友，落个好名声。咋办？再说一遍：读书，读国学。

男人说去读书了，女人轻松放心。男人说去酒吧了，女人提心吊胆。为啥？怕离婚呗。

发现一奇怪现象，花好多钱报名去 EMBA 读书的人，基本都不读书。之所以愿意付那么贵的学费，就是冲着关系去的。

这与古人差不多。古人以文会友是交往、交友的高贵礼俗。何为文人相交？是轻财物、重情谊、尊才学，故多以诗文相互赠答，以表心意。

经验告诉我们，以文化方式结交的朋友，常常比其他朋友更长久、更和悦，以文化的方式恋爱、结婚、生子、成家、立业，比其他形式都坚固。

【原文】

曾子曰：君子以文①会友，以友辅②仁。

【出处】

《论语·颜渊第十二》

【助读】

①文，指文理，即文采和道理、文华与辞采。引申意义可以是文化。

②辅，古代夹在车轮外旁的直木，每轮二木，用以增加车轮载重支力。如今，也解释成为：帮助，佐助。

【大意】

孔子的学生曾子说：君子应以文采道理、文华辞采、文章学问来交谊会友，借着朋友间的交流和帮助来增进、互助仁德。

【用途】

我们一起读书，好吗？

义篇第六

给他们权、钱、名、色

弟子：在一个组织里，为什么有人对着领导一个样，背着领导又一个样，时而一本正经，时而虚伪谄媚？

禅师：这种人的价值观出了问题，把成与败看得比好与坏更重要。大多是为了短期的目标和利益而奋战，他们急功近利、贪婪浮躁，没有长期规划，缺少归属感。

弟子：为什么有人总是忠诚可靠，让人对其信任有加呢？

禅师：这些人或有远大的理想，或受过良好的教育。在一起优势互补、彼此信任、互相宽容，相得益彰。

弟子：这就是您常提及的君子与小人的区别吧！那么应该怎样识别呢？

禅师：给他们钱、权、名、色，看他们如何对待。若喜形于色、私下串通、不择手段，是小人；若以大局为重、高风亮节、谦恭有礼，是君子。

【原文】

子曰：君子周①而不比②，小人比而不周。

【出处】

《论语·为政第二》

【助读】

①周：忠信。

②比：旧读 bì，依附，勾结。例：朋比为奸。

【大意】

孔子说：君子忠信可靠而不在私下暗中活动、相互串通，小人在私下暗中活动、相互串通而不忠信可靠。

【用途】

识别下属，甄别伙伴。

恰到好处一句话

上个月。

参加活动，有个英语很好的人，交谈时经常英汉混杂，滔滔不绝，与其交流很费劲。逐渐，大家都疏远他。

十年前。

刚学《弟子规》，未懂含义，便学会鞠躬。那次，请公安局领导办事，为表示礼貌谦恭，喝杯酒鞠个躬。当晚，喝多酒。次日，事未办成。领导与朋友说我神经有点问题，不适合做事。

有一阵。

学《论语》着迷，整天摇头晃脑。回村里跟爸妈、兄弟讲，与来家里串门的讲。刚开始人家还假装耐心，后来便借故离开。妈急了，说你不能说人话？

一句话惊醒梦中人。于是，见人说人话，见鬼说鬼话，见佛说佛话。

与鬼说人话，与人说鬼话，与佛说人不人、鬼不鬼的话，都叫胡说八道、鬼话连篇。

人有多面性。把话说好，是对人尊敬。无论何处，不管何时，都用自己的方式讲话，叫自私自利、人事不懂。

傍晚时。

与二十年未见的同学见面。我大小算个作家，他纯粹是村里书记。他说，我跟你不上档（意为二人之间距离大），没法说话呀！我说，老哥们了，有什么不能说，小时一起偷瓜和惦记女同学多好！

按照他的说话方式说话，我会。按照我的说话方式说话，他不会。

会的照顾不会的，相见欢悦，甚是开怀。

但跟领导讲话就要规矩、谨慎与智慧喽。

齐景公的爱马死了。大怒。下令杀养马人。宰相晏子对养马人说，你犯了三条大罪：国君让你养马你却把马养死了，这是第一大罪；所死之马又是国君最喜爱的，这是第二大罪；因为你养死了马而使国君杀人，百姓听后定会怨国君，诸侯听说后定轻视我国，这是第三大罪。你知罪吗？齐景公听后说，把他放了吧！别伤我仁爱之名。

这应叫一言兴邦。

话未出口当思索，直来直去易伤人。

【原文】

朝，与下大夫言，侃侃①如也；与上大夫言，訚訚②如也。君在，踧踖③如也，与与④如也。

【出处】

《论语·乡党第十》

【助读】

①侃侃：说话不卑不亢、温和快乐的样子。

②訚訚（yín）：正直、和颜悦色而又能直言诤辩的样子。

③踧踖（cú jí）：恭敬而不安的样子。

④与与：小心谨慎、威仪适中的样子。

【大意】

孔子上朝时，（国君未到）同下大夫说话，温和而快乐；同上大夫说话，正直而公正；国君来了，则表现出恭敬而心中不安的样子，但又仪态适中。

【用途】

本色做人，找准角色说话。

有通达，是幸福

最早。

第一次吃自助餐时很惊羡，几十、上百种肉、蛋、奶、海鲜、蔬菜以及甜点小吃，老板怎么能合得上来成本呢？于是使劲吃。后来发现上当了，即使有千万种食物，但胃就一个。

后来。

特别害怕到五星级酒店吃早餐，想得到、想不到的美食一一呈现，丰盛得一塌糊涂。每次都多吃，吃多就难受。

再后来。

开始挑剔。煎蛋不焦黄，熬粥不细腻，炒菜油太多，糕点过于甜，米线味太淡。

如今。

想，那么多种类总有一样做得好吧？总有一样适合你吧？弱水三千，只取一瓢饮。早餐数十，只取一样吃。实际，哪里是一样？每个人还不是一边摇头，一边把盘子盛得满满的。

胃口不是无底洞，种类愈多愈难消化。选择清淡的、有营养的、合适的东西吸纳，当是明智之举。

餐，不要滥吃；友，不要滥交；事，不要滥做；情，不要滥施。角色上，别滥竽充数；决策上，别滥砍滥伐；语言上，别滥说一气；心灵里，别烂醉如泥；官场中，别滥用职权。

何谓不滥？宁缺毋滥，欲而不贪。

吃啥与做啥是有标准的。吃东西，别坏了肚子；做事情，莫坏了良心。

没必要停留在一定吃什么和一定做什么的狭隘中。只要不伤身体，不伤感情，于他人和社会有益，也就可以了。

有个不错的朋友时常烦恼。手里有百亿资金不知做何项目。做大了，怕风险大；做小了，怕资金贬值；不做吧，怕自己报废。

他羡慕我，说我的幸福感最强。有事干，能助人，知学习，守诚信。

我笑了，说幸福感不必推辞，但也偶尔不诚信。

他有些不解。

我说，一个社会人，无论领导、商人、作家、教授、演员、教师及各等名流，必须具备一个条件。

什么条件？

通达。

何为通达？

通达就是说话不一定句句守信，做事不一定非有结果，也不一定非要高大上，只要合乎道义就行。孟子曰：大人者，言不必信，行不必果，唯义所在。

如同自助餐，自己合适，便是生活。

【原文】

子曰：君子之于天下也，无适①也，无莫②也，义③之与比④。

【出处】

《论语·里仁第四》

【助读】

①适（dí）：同“敌”，抵抗，抵触。

②莫：同“慕”，贪慕、爱慕。

③义：适宜、妥当。

④比：亲近、相近、靠近。

【大意】

孔子说：君子对于天下的人和事，没有固定的厚此薄彼，只要去亲近仁义的人和事就好了。

【用途】

做人有标准，做事看仁义。

善，无言

侄子的儿子喊我爷爷。

见我回家，便把裤子脱下来，让我看他新买的内裤。脸上满是得意与自豪。我说内裤穿在里面，不能随便给外人看，不然会丢，而且连内裤里面的东西一块丢，一丢就找不到爸妈了。他害怕丢，自此不再给人看内裤。

善良如同内裤，你不给人看，人家也知道你穿了。明朝学者朱柏庐说："善欲人见，不是真善；恶恐人知，便是大恶。"

元代学者许衡与人结伴出游。天气炎热，口渴难耐。路边有一梨树，他人皆跑到树下摘梨解渴，唯独许衡一人未动。有人问，为何不摘梨，难道你不渴？许衡答，这不是我的梨，怎可以乱摘？人们讥笑其迂腐，说世道这么乱，管它是谁的呢！许衡说，世道虽乱，我心不乱；梨虽无主，我心有主。

许衡之善是一种坚守，没有随波逐流，也未被世俗淹没。应叫慎独。

2014 年国家两会，矿泉水瓶上贴上了名字，遂，乱丢和浪费现象戛然而止。奇怪，这几千名代表和委员是中国 14 亿民众中优秀之优秀，经典之经典的人物，咋就不能慎独？不能说其不善，不然等于炮轰整个中国。但，有男人到公厕，坐便盖不撩起，直接尿。我问他这样做人家还怎么坐？他说反正没人看见。我就看见了！

一个喝，一个尿，还不都是一个理儿！

孟子说，细密的渔网不放入大塘捕捞，鱼鳖就吃不完。叫"数（cù）罟（gǔ）不入洿（wū）池，鱼鳖不可胜食也"。但要靠自觉，因为没人看得住您。听说某个国家的人去钓鱼会随身带一把尺子，钓到鱼，用尺子量一量，将不够尺寸的小鱼放回河里。他们说让小鱼长大不更好吗？

我说这是根植于内心的善良，估计您没啥意见吧？

善良是一种美。先让自己美，再让别人美，最后大家一块美。此乃“各美其美，美人之美，美美与共”。庄子说大美不言。真正的美不用说出来，说出来就不是大美。像善良一样，逢人便说，见人就讲，谁知您善良背后的用心？

善良无需遮掩，任其真善流露。善良无须彰显，真善自有天知。善良是一种风骨，自然于表，蕴然于骨，悄然于心。

天道无亲，常与善人。您若不善，无药可救。

【原文】

子曰：人之生也直，罔[①]之生也幸而免。

【出处】

《论语·雍也第六》

【助读】

①罔（wǎng）：欺骗、诬陷、毁谤、不正直的人。

【大意】

孔子说：一个人的生存是由于正直，而不正直的人也能生存，那只是他侥幸地避免了灾祸。

【用途】

与善同行，终会光明。

吃吃喝喝

1.

妈批评把剩菜倒掉。我说您每次都做得多，下顿再吃，吃不了下顿继续吃。岂能看您吃剩饭，我吃新饭？

你浪费！

我嬉皮，吃了费人，倒了费饭。

自己做饭，按量分配。看家人享用美食。吃到后半场，略有谦让，最终盘干碗净。

妻说你够损的。吃饭不饱，等于活埋！

那是缺吃少粮时代。现在人营养过剩。吃得太饱，黄土已埋到胸口喽！

2.

一段时间在妈家吃饭。任她做几个菜，我只吃炒白菜。后来她很默契，直接给我炒白菜。

那日。妈问，你吃腻了吗？我说没呀！我炒腻了！她说。

对吃要求愈低。由衷喜欢白菜、土豆、豆腐和萝卜。每次在宴席上吃燕鲍翅都觉得浪费。但理解，包括自己在内，谁请客也不能满桌子大白菜！

3.

奉劝孩子们少吃腊肉和火腿。其工艺复杂，若不慎落入杂物，当无人知晓。食客岂不有些无辜！尤其腊肉，经过风吹、日晒、雨淋，放置十年八载也坏不了。保质期太长的东西不放心。

4.

喜欢烧菜，兴趣堪比创作。同样食材，在我锅勺中味道陡然而变。妻子佩服，儿女骄傲。透漏给同样喜欢烧菜的儿子，掌握油温，尤其炝锅，一定炸出香味。花椒、大茴炸糊，葱姜蒜金黄，菜味自然不同。

5.

早餐是给上帝吃的，午餐是给自己吃的，晚餐是给乞丐吃的。不想做乞丐，晚上很少餐。早餐控制在 8 点之前，午餐尽量别过 12 点。你对不起胃口，胃口就对不起你，吃嘛嘛不香。

6.

曾经想戒酒。但也经不住人劝。喝酒是快乐的事，别像一块拒绝融化的冰。制定规则：喝而不多，多而不乱，乱而不淫。

但，只要端杯，就有多的机会。努力控制别失态，酒多伤身、伤神、伤肾。

【原文】

食不厌①精，脍②不厌细。食饐③而餲④，鱼馁⑤而肉败，不食。色恶，不食。恶臭，不食。失饪，不食。不时，不食……惟酒无量，不及乱。沽酒市脯⑥不食。

【出处】

《论语·乡党第十》

【助读】

①厌：过于。

②脍（kuài）：切细的鱼肉。

③饐（yì）：食物久放。

④餲（ài）：食物有馊味。

⑤馁（něi）：食物腐败。

⑥脯：腊肉。

【大意】

吃饭不要过于追求精，鱼肉不要过于追求细。食物放久有了馊味，鱼肉腐败，颜色不新鲜，气味难闻，都不吃。不到吃饭时间不吃。酒可不限量，但要把握礼度，别失态。从集市上买来的酒和腊肉不吃。

【用途】

吃喝当有度。

你本不是个好人

朋友来访。说几年前若是学习《弟子规》就不会和婆婆打架了。

孝道，在任何时候开始都不晚。对她的坦诚甚为感动。年近 40 的女人以身作则，一心向善，身体力行地传播《弟子规》。想她不是心血来潮，而是当仁不让、在所不辞，以一种恭敬心和事业心来惠泽大学生，影响企业家。

有好学生，就会有好员工、好老板、好官员、好丈夫、好妻子、好父亲和好孩子，那么中国将是一盘好棋。

《弟子规》会有如此大的功效？有，真有。有时，您不屑一顾的正是最需要的。不妨收起傲慢与偏见，静心阅读《弟子规》，然后按照其中的规矩去做。坚持数月，定会大人孩子都高兴，党和国家都开怀。天下人人皆弟子，《弟子规》不是孩子的专利呦！

朋友说为了弘扬《弟子规》，有企业家专门为此项目投资。担心做不好，夙夜在公，时常失眠，尤其到晚上更加思绪万千。无奈，太好强！

我说你本不好强。

她一惊，此话怎讲？

你的好强有些糊涂。为了事业让自己吃不好、睡不着，无异于污染水源。因为你是事业的源头。若真好强，让自己睡得香甜静美才是真。

她沉默。

且你不是好人。

她惊诧。

一个好人，对别人好也要对自己好。自己身体不好，心情不好，家庭不好，生活不好，却对别人好，这空中楼阁的好能持续吗？

她点头。说，我想对别人好，也对自己好，做一个真正好强之人，如何是好？

放开包袱，努力学习，冲破迷雾，寻找真礼。

【原文】

子曰：好仁不好学，其蔽[①]也愚；好知不好学，其蔽也荡；好信不好学，其蔽也贼[②]；好直不好学，其蔽也绞[③]；好勇不好学，其蔽也乱[④]；好刚不好学[⑤]，其蔽也狂。

【出处】

《论语·阳货第十七》

【助读】

①蔽：通“弊”，弊病。

②贼：害，危害。

③绞：说话尖刻。

④乱：小指捣乱闯祸，大指犯上作乱。

⑤学：指学礼。

【大意】

孔子说：爱好仁德却不学礼度，它的弊病是会变得愚蠢；爱好聪明才智却不学礼度，它的弊病是放荡不羁；爱好讲诚信却不学礼度，它的弊病是容易被人利用，害己害人；爱好直率却不学礼度，它的弊病是因急切而伤害人；爱好勇敢却不学礼度，它的弊病是捣乱闯祸；爱好刚强却不学礼度，它的弊病是胆大妄为。

【用途】

学礼适度，学以致用。

风水，不是鬼神的事

在别墅院子里做了个木质的六角亭。

木匠说有一个亭角跨越邻居栏杆，多了 5 厘米，若不用仪器测量，眼睛基本看不出来。

到亭下细看，空中亭角如树木枝桠，丰盛地长到隔壁一点。

自小于农村，目睹很多邻居因房基的几尺界限，房屋的几分高矮，而各不相让，甚至大打出手，对簿公堂。都怕对方的几分几尺抢占了自家千秋风水。

到城市便很少听说邻居为了分界线而争战。或许是境界提高，不再计较，或许是无人能画界为牢，没有占抢的理由。

但还是有人信风水的。好多人省吃俭用，对“大师”却毫不吝啬，一掷千金。

水动风生，风生水起，叫风水。藏风聚水，得风得水，是好风水。有好风水，就平安，吉祥，富贵，通达，长寿，高中，安康，顺利。

我也信风水。但也知“一命二运三风水四积阴德五读书”之说。可有人不信命，不造运，不积德，不读书，只一心求风水。这像什么呢？如爱美之人，不洗澡只擦香水，不洗脚总换袜子一般。

心灵风水是胜过地理风水的。

一个仁义、友善、诚信、孝悌、勇敢和智慧的人，自然会形成强大的正能量气场。走到哪里，皆是风景；身在何处，都是风水。正气存内，邪不可侵。恬淡虚无，真气从之。还用从外界找护佑的理由吗？

老子曰：“天道无亲，常与善人。”这应是最明快、最简洁、最吉祥的风水吧！

打电话给邻居，告知有5厘米“领空侵略”。邻居在电话里略有迟疑，说一会儿回复。后来说找大师咨询，说这样不好，犯冲，还是别过界的好。

十分理解邻居。与木匠说，把那个角锯掉吧。

锯掉那个角，心里特舒服。谦受益，满招损。因为欠缺，所以努力。想亭子该有个名字，叫“求缺亭”吧。至于风水，那是天地的事，神明的事。为人当求缺，何必总求全！

【原文】

樊迟问知。子曰：务民之义，敬鬼神而远之，可谓知矣。

【出处】

《论语·雍也第六》

【大意】

樊迟问如何是智。孔子说：尽力做有利于他人的事，敬畏鬼神但远离他们，可算是智慧了。

【用途】

心安理得，鬼神不侵。

中国人的说明书

网传老婆使用说明书。

说是易溶于甜言蜜语，在真情、钻石、金、豪宅的催化下熔点降低，难溶于白丁。用法用量，建议一生一片。采取包装是各种时装、首饰、手袋，并随季节变化随时更换。有效期为视幸福程度而定，最长可达一生；最短，一天也可能失效。

是玩笑。

世界上流通的物品大概都有使用说明。有人突发奇想，为人处事为何没有说明书？以至在生活中经常失利、失礼、失意和失败。

于是，人们渴望做人有个标准。

世界之大，可能没有哪个国家的做人标准比中国健全，但有些国人总喜欢遵循国际标准，拿国际标准来衡量、制约自己国家的发展和进步。

信仰是个标准，告知你死后去向何方，生前满足心愿。很多人害怕死后不得志，活着多受罪，所以遵循信仰。转过身来，却严厉批评中国人没信仰。一个没信仰的国家为何能有那么悠久、厚重的文化，为何能够绵延数千年而生生不息？

中国人有标准，只是你自己标准偏差。所以大言不惭、出言不逊，还自吹自擂。

善良、正义、仁德、智慧、勇敢、宽容、感恩、诚信、孝悌、友善都是中国人的标准，而你正良莠不分地批评中国人没信仰、不民主！

中国人不但有大标准，还有小说明。

先说眼睛，看到一个现象时，就考虑是否透过现象看到了本质，是否真正理解、明白所看到的东西；再说耳朵，听的时候，要思考偏听了没有，轻信了没有；还说脸，思考自己的脸色是否总冰冷地板着，要求任何时候脸色都要温和才是；然后是态度，不论贵贱贫富，都恭敬谨慎、不亢不卑，接着是嘴巴，说话时，想想是否在撒谎，是否说了实话？就连做事，也要时刻想着敬业认真、一丝不苟。有问题或疑问时，是否马上问人，以求得正解。人非圣贤，孰能无惑？要发脾气时，思考一下所带来的不良后果，想一下自己是否也反感别人发怒？有了钱、权、荣誉，就思考是否取之有道、得之有义。

这是中国人的标准和说明书。

【原文】

孔子曰：君子有九思：视思明，听思聪，色思温，貌思恭，言思忠，事思敬，疑思问，忿思难，见得思义。

【出处】

《论语·季氏第十六》

【大意】

孔子说：君子有九种要用心思考的事：

1. 看到问题，是否能透过现象看到本质、真正理解和明白所看到事物的真实性。

2. 听，要听得清楚，不能够含混，考虑一下，偏听了没有，轻信了没有。

3. 脸色要温和，不可以显得严厉难看，说话处事时不要冰冷地板着。

4. 举止优雅、态度谦恭，无论贵贱，都不卑不亢谦虚有礼，不可以骄傲、轻忽他人。

5. 言语要忠厚诚恳，没有虚情假意。

6. 做事要认真负责，不可以懈怠懒惰，想一下自己是否敬业、认真。

7. 有疑惑要尽快解决，求得正解，不可以得过且过、混日子。

8. 生气、发脾气时要想到后果和灾难，万不可以意气用事。

9. 遇见可以取得的利益时，要想想是不是合乎理义。君子爱财，取之以道。不该得到的还是让给别人吧！

【用途】

三思而后行，九思而做人。

谁在和我们抢夺孩子?

一群孩子向我跑来，有十来岁、七八岁的，还有五六岁的。手里都拿着各式小食品，到讲台上送给我后欢快地跑回座位。一个更小的孩子因为跑得太急而摔倒，摔得厉害，却没有哭，勇敢爬起，继续把礼物送给我。

被孩子们感动，也为自己的决定而愧疚。

为家长和孩子们上一堂国学课。孩子们学会鞠躬给加分，学会当面谢谢给加分，声音洪亮也加分，第一个跑到台上回答问题也给加分。想尽一切手段鼓励，能加分就加分。

孩子们兴奋，为集体荣誉而努力。

最早有个孩子送我一块巧克力。分享是美德，决定为其加 500 分。孩子所在的组欢欣鼓舞，士气大增。

送礼能加分。孩子们迅速领略了加分法则，蜂拥而上。

是自己无意间制造了无耻。这种无耻奠定了孩子用踌躇满志、快速奔跑和手里礼物获得加分。如果把加分看做成功，只要会送礼就是英雄。而这种英雄的称号却毁坏了孩子们的价值观。

若说假话可加分，孩子们自然就说假话；若骂街、坑人、蒙人、害人给加分，我不敢想象了。如同江洋大盗，最初都快乐地以为在实现人生理想，谁知走上的是条不归路!

每个孩子都是佛，是神，是上帝，是大师。因为他们纯洁无瑕，天地相融。后来，被欲望蒙蔽了智慧、遮挡了双眼，就变成平俗。

大人们在犯罪，把自己的意愿加载于孩子身上。父母要面子，老师要分数，学校要名次，社会要人才。而，孩子要什么？

我始终相信，人是宇宙的精灵。这种精灵，有时却因过于精灵，而害人害己。人确实是宇宙的精灵，说的不是您，也不是我，是孩子。

若一个国家，孩子被无辜地引导，引导其谄媚、虚伪，这无异于是“腐败接班人”。而这一切皆因您的自私。您的自私也不怨您，因为浮躁，因为浮躁！

孩子本该走在光明大道，我们非要把他拉入阴暗的羊肠小路。孩子简单纯净，我们非要使其复杂污浊。孩子至真至善，我们总拿来装点门面、哗众取宠。

孩子没错，是引导错了。努力没错，是方向错了。雾霾没错，是欲望错了。您也没错，是我错了。

【原文】

子曰：性相近也，习相远也。

【出处】

《论语·阳货第十七》

【大意】

孔子说：人的本性是相近的，由于习染不同才相互有了差别。

【用途】

谁在和我们抢夺孩子？敬请三思。

商人特殊

在中国，没有哪个时代让商人感觉如此有尊严，这尊严来自于贪官的惊恐。贪官不惊恐，商人无尊严。

几乎没有生意人不和政府打交道。哪个政府都想把商人服务好，但历史的中国，稍有些权力的人都想在商人身上榨些利润。商人精明，你榨我利润，我要你权力。这就是权钱交易。

某些领导，拿国家资源诱使商人行贿。受贿，起于行贿。行贿，源于资源。领导手里有资源，没有法律制约，想给谁就给谁。商人就会使出浑身解数，讨其欢心，纵其所欲，送钱，送物，送色，送享受。贪官落马不是与女人有关，而是与行贿的商人有关。因为，女人是商人送的，腐败是商人宠的。

没有商人愿意行贿，可有时候不行贿就没有生存空间。如此，商人只能做商人，不能做正常人。因为做人要清白，要有气节。故，商人特殊。

商人本事再大，也需要经营。而有贪欲之心的领导不必如此麻烦，嘴一动、笔一挥，钱就来。不单是钱来，想要的都能来。

1000年来世界上最富有的50人中有6名是中国人，分别是成吉思汗、忽必烈、刘瑾、和珅、伍秉鉴和宋子文。您看好了，这里除了伍秉鉴是商人其他都是政府领导。可见，商人想在中国挣大钱有多么不容易。

如今，中国的反腐治贪令世界惊叹，本届领导人咋这大决心！

中国商人可以安心当正常人了。因为不用再去违心行贿。提个几百块的茶叶拜访，都能把官员惊得一身冷汗。

这回，给商人也出了难题。不行贿生意咋做？咋做，去官员化。靠诚信、人格、智慧和勇敢。

企业家们应自立、自强、自尊。抱团取暖，弯道超车。组织一批文化认同、情感共鸣、经济互助、信息共享的伙伴自己解决自己问题。什么问题？钱，项目，机会，管理，营销，文化，法律以及政府关怀。

老板有了这些就能把企业做好，做多好要看自己真本领。在依法治国的今天，商人呼唤公平，让法治来得更猛一些吧！

【原文】

子曰：听讼，吾犹人也。必也使无讼乎！

【出处】

《论语·颜渊第十二》

【大意】

孔子说：审理诉讼案件，我同别人也是一样的。重要的是必须使诉讼的案件根本不发生！

【用途】

制定法律是为了不触犯法律。以此文献给依法治国的中国和走在路上略有辛苦的企业家。

大饼，老板，君子

国内很多城市的小吃店都是一手交钱一手递餐。眼看小店老板接过人民币，找钱，然后用拿过人民币的手拿主食。

钱上细菌不言而喻，老板的手不喻而脏。一度很是发愁。吃还是不吃？于是和老板商量，你能洗洗手吗？老板，大多是老板娘，眼珠一翻，置若罔闻。他们觉得眼前这人定是病得不轻。

后来干脆不去小吃店。可生活在社会上的人，谁能完全避开小吃店呢？自己想避开，若与朋友、同事、家人在一起就是件尴尬的事了。人家对这种“肮脏交易”司空见惯，或者视而不见，再或者根本不曾去看。是你清高，还是真空？吃吧，去他的！不干不净，吃了没病。别因为一口吃得罪一群人。怎么就你格格不入、怪里怪气！

每次吃完都有一种被强奸的感觉。

中午到主食店买大饼。应是夫妻店。妻子在后面烙饼，男人从柜台销售。令我惊奇的是男人竟戴着口罩。买主食之人把钱给他，他却不用手去接，而是从抽屉里拿出一把夹子来夹钱。把钱送到抽屉内，再用夹子在抽屉内夹钱找零。

男人很忙，不与人多打招呼，一心收钱，找零，递送主食。专注，安静，一丝不苟。

突然想起某机场内的问询员，纵使问询台前排起长队，姑娘也从容不迫，无丝毫忙乱。业务熟练，彬彬有礼，对答如流。每个来问询的乘客都满意而去。

甚至有些感动。一下子对这家店充满好感。可敬的夫妻店赚钱有道，可爱的老板淳朴勤敏。他们站在客户位置来思考问题了。这是经营格局，做人厚道；也是职业素养，文明待客；更是对自己事业的敬重和忠信。

一个有心智的老板，具备道德情怀，带领馒头、大饼、花卷，满足人的不单是口腹之欲，还有放心与欣慰。何愁事业不起？

【原文】

子曰：君子义以为质，礼以行之，孙[①]以出之，信以成之。君子哉！

【出处】

《论语·卫灵公第十五》

【助读】

①孙：通“逊”，谦逊。

【大意】

孔子说：君子以义作为根本，用礼加以推行，用谦逊的语言来表达，用忠诚的态度来完成，这就是君子了。

【用途】

大生意，小生意，大人物，小人物，都别拒绝做个君子。因为不难。真的不难。

说离婚

一读者朋友在微信里倾诉，说心特累，欲解脱，想离婚。妻子在外面有人了，痛斥其种种不好，极其矛盾，又担心离婚影响孩子。

问他自己错在哪。

他说一点都没有，错都在妻。

金无足赤，人无完人，认为自己没有错定是错误最大之人。

离婚四阶段：先吵闹，后冷战，再怀疑，抓到证据或捕风捉影后大闹一场，也可能对簿公堂，还可能为利益和孩子对耗数年，搞得疲惫不堪，最后分手。

离婚四理由：钱，情，性和外扰。

有的女人嫌男人挣钱少，不能满足虚荣，便如年少时期待白马王子一样，寻找“婚姻雷锋”傍大款。大款只能傍钱，不能傍心。这无异于变相卖淫，不过一个零售一个批发而已。也有不争气男人，自己不努力，还嫌日子穷，背着媳妇在外面找个年龄大、心不正，还有钱的女人，为其解决性之饥渴、玩之娱乐。民间管这种男人叫“小白脸儿”或“吃软饭的”。

有的夫妻虽有名分，却无情爱。无情无爱便无性。性生活开怀的夫妻不离婚，因为爱不够。突然有一天女人劈腿或男人出轨，便互相揭发，刚开始还红红脸、出出汗，但怎么也没把病治好。说自己没病，对方病得不轻。感情上病入膏肓，离婚！

有一种外扰，来自男方父母。尤其是婆婆，总挑儿媳妇错，咋看都不顺眼，觉得儿子优秀，竟找一个又馋又懒只知道打扮的女人！

便找儿子诉苦，说当妈的十月怀胎难产，生你时差点命丧黄泉，大了如何受苦，为你能找份好工作给领导送礼，把自己娘家陪嫁都卖了。如今，你媳妇却不孝顺！

傻小子被妈洗脑后回家，把妈的话原封不动、大为愤怒地转述，并深深地指责妻之不孝！

当妻子的孝敬你妈，还不是因为你，你若不是人家老公，你妈跟人家半毛钱关系都没有。若男人对妻子不好、不忠、不爱，婆媳矛盾定升级。女人有怨，男人有怒，公婆有扰，自然离婚。

都认为错在对方，若不检点身心、反求诸己、彼此宽容，虽有婚姻，不长久矣！

发微信给那读者：修正自己，原谅妻子，挽救孩子。好自为之。

【原文】

子曰：不患人之不己知①，患不知人也。

【出处】

《论语 · 学而第一》

【助读】

①不己知："不知己"的倒装句。

【大意】

孔子说：不担心别人不了解自己，只担心自己了解别人不够多。

【用途】

婚姻非儿戏，夫妻需反省。如一味指责别人，自己又不进步，也不宽容，那真是病得不轻呀！

“永远”的法则

弟子：女人如何永远年轻？
禅师：善良。
弟子：权力如何永不失去？
禅师：无悔。
弟子：财富如何永远增值？
禅师：施舍。
弟子：朋友如何愈交愈久？
禅师：宽容。
弟子：鲜花如何长期盛开？
禅师：开在心中。
弟子：自己如何受人喜欢？
禅师：坚持仁德。

【原文】

子曰：知[①]及之[②]，仁不能守之，虽得之，必失之。

【出处】

《论语·卫灵公第十五》

【助读】

①知（zhì）：同“智”。

②之：过去对君主来说指百姓和国家。现理解为成就、事业、财富、权力、荣誉、青春等。

【大意】

孔子说：只凭借聪明才智得到成就、事业、财富和权力，但不能保持应有的仁德，虽然现在得到了，将来也一定会丧失。

【用途】

最好的归宿，最近的路程，最优的人生。

努力去爱，不必有恨

弟子：怎样提高品德修养？

师傅：提高忠诚度，坚持诚信，对别人负责，对自己也负责。凡事以义的标准决定。

弟子：什么是义？

师傅：合理、合礼、合利，这就是义。

弟子：我明白了。那什么是迷惑？

师傅：惑来自于爱恨交织。

弟子：我有个朋友爱他的下属，千方百计地提拔。一日，下属对不起他了，就恨不得一棍子打死。这是爱恨交织吗？

师傅：是。爱恨交织也是恋人之间常出现的问题。爱的时候，连缺点都是那样迷人；恨的时候，百无是处，咬牙切齿。

弟子：应该如何避免这种迷惑呢？

师傅：努力去爱，不必有恨。

【原文】

子张问崇德[①]、辨惑[②]。

子曰：主忠信，徙义[③]，崇德也。爱之欲其生，恶之欲其死，既欲其生，又欲其死，是惑也。

【出处】

《论语·颜渊第十二》

【助读】

①崇德：提高道德修养的水平。

②惑：迷惑，不分是非。

③徙义：向义靠拢。徙，迁移。

【大意】

孔子的学生子张，问怎样提高道德修养水平和辨别是非迷惑。

孔子说：亲近忠信之人，多行道义之事，就可以提高道德修养水平了。爱一个人，就希望他（她）健康、长寿，厌恶起来就恨不得他（她）立刻死去，既要他（她）健康、长寿，又要他（她）立刻死掉，这就是迷惑。

【用途】

把爱刻在心里，让恨随风飘散。做一个有爱之人吧，一辈子没多长！

你能行

弟子：有人不分析优势和劣势、机会与威胁，头脑一热，贸然行事。

禅师：这是愚人。

弟子：明明很困难，别人都说不行，有的人非要力排众议，特立独行。

禅师：这是智者。

弟子：明知山有虎，偏向虎山行是智者吗？

禅师：你认为是虎，他认为是猫。你害怕被虎吃掉，他却有打虎的能力。

弟子：您是说我们有时不理解、甚至嘲笑某些人的用心，是因为我们和他有距离？

禅师："挽狂澜于既倒，扶大厦之将倾"是圣人，而常人早吓得四散分离，奔走相告。

弟子：做别人做不到的、想别人想不到的、坚持别人不能坚持的、改变别人不能改变的，是否太辛苦？

禅师：成功的路并不辛苦，也不拥挤，因为有信念的人并不多。光说不做的，吃喝玩乐的，早就落在后面。夏天嫌热，冬天怕冷，他们不敢上路。亲人打击，朋友嘲笑，他们就退缩了。不去学习，死不改变，自以为是，他们在等死。能坚持下来的自然成功！

弟子：您还能说得再具体一些吗？

禅师：把复杂的变成简单，把困难的变成容易，把不可能的变成可能。

【原文】

子路宿于石门[①]。

晨门[②]曰：奚[③]自？

子路曰：自孔氏。

曰：是知其不可而为之者与？

【出处】

《论语·宪问第十四》

【助读】

①石门：鲁国都城的外门。

②晨门：早晨开城门的人。

③奚：文言疑问词。哪里，什么，为什么。

【大意】

子路在石门过夜。

早晨开城门的人问：从哪里来？

子路说：从孔氏那里来。

那人说：就是那个明知做不到却还是要做的人吗？

【用途】

"知其不可而为之"是常人对孔子的评价。

孔子一生在做着很多人不理解的事。而今，越来越多的人都在学孔子思想，用孔子理论。孔子的后人提及祖先便自豪。

孔子做了"知其不可而为之"的事，是因为他认为能行，一定能行！

做一件"知其不可而为之"的事吧，因为您能行！

逆流而上

最早理解不了“人定胜天”。人怎么能胜天呢?

读了《大学》后才知道“定”是修炼。定，而后能静；静，而后能安；安，而后能虑；虑，而后能得。古今中外成大事者没有不安静的。总在浮躁间，所成终是小。

人心安定，是顺其自然。而自然是一切生命的规律。真正的规律就是道，达到道的高度需要人“定”。

我们善于被“大”迷惑。大富大贵，大红大紫，大人大量，大德大慧，一提到“大”，就仰望。事实证明，被仰望的事物永远不会到身边来，或许它只能成为水中之月、镜中之花。

畏权暴，是想从狗变人，无奈，狗还是狗，人仍是人。有的演员谄媚导演，有的商人贿赂官员，有的作家取悦编辑，有的学者谩骂同仁，有的老师轻慢教育，有的农民欺骗土地。这都是心不正。不正，何来定?

有时候我们太宽容社会，这无异于纵容自己。认为欺骗、屈从、谄媚、作假、投机、炒作都应该。别人大明大摆地做，我偷偷摸摸地做。于是，社会看似美好，实则虚浮。你做我也做。谁也跑不掉，谁也过不好。钓过螃蟹的人或许都知道，一群钓上来的螃蟹放在篓子中，不必盖上盖子，螃蟹是爬不出去的。因为只要有一只想往上爬，其他螃蟹便会纷纷攀附在它的身上，把它向下拉，最终的结果是没有一只爬得出去。到最后，社会中只会剩下一群互相牵制、毫无战斗力的“螃蟹”，制约发展、影响进步。

晚间。

女儿问我一道随口就能回答的题。她说，一块大石头，掉进河中，两年后去打捞，是原地未动，还是到下游寻找，或是到上游寻找？

这还用说？是下游。

她说错了。石头跑到了上游。

我甚是惊奇。

她说凡是丢失在河里的石头，都应当到河的上游寻找。因为石头的性质坚硬沉重，沙的性质松软浮动，水流不能冲走石头，河水的反冲力，一定在石头下面迎面冲击石前的沙子，形成坑穴。越冲越深，冲到石头底部的一半时，石头必定倒在坑穴里。像这样又冲击，石头又会再次转动，这样不停地转动，于是反而逆流而上。

她说这是纪晓岚在《阅微草堂笔记》中的文章。

感谢女儿，感谢纪晓岚。在浮躁重重，人云亦云的今天，体悟到人是可以打破思维、逆流而上的。这叫改变。思维改变，行动即变。明天，我去上游寻找石头！

【原文】

子曰：人能弘道，非道弘人。

【出处】

《论语 · 卫灵公第十五》

【大意】

孔子说：人能够使道发扬光大，不是道使人的才能宏大。

【用途】

做你所做，想你所想。何忧何惧？

廉篇第七

怎一个浮躁了得

北京电视台拍动画片《戚继光》前，做“戚继光是谁”的调查。回答“堵枪眼的”“炸碉堡的”“收复台湾的”，不乏其人。回答者应大多是孩子。

孩子们为何不知明朝抗倭名将戚继光？

打开电视，不是历史穿越，就是爱恨情仇，再或是后宫斗智、婆媳争战、歌手热唱，孩子们从何处得知堂堂正正与磊落光明？

不知戚继光，因历史久远。竟还有人不知雷锋。记者调查小学生，有说雷锋是开飞机的，从天安门前经过。笑话说，学生指着日历说，今天是雷锋节。老师一看：霜降！

很多学生知道韩寒，不知韩愈；知道郭敬明，不知郭沫若。

毕竟是孩子，我们原谅、教育、等待。老人说，树大自然直。

前段时间，毕福剑为潘晓婷题“玖球天後”四个字。网友吐槽，居然有两字都写对了！

九，没有繁体字，是九的汉字大写，一般用于账簿记账。后，繁体字有“後”和“后”，前一个表方位，用于後來、後面、後宫，后一个类似于称谓品阶，用于皇后等。有人玩笑：毕姥爷，您就不能认真点？

我宁愿相信毕姥爷是为娱乐而故意为之的。

《还珠格格》有这样歌词：“山无棱，天地合，乃敢与君绝。”此出自汉乐府民歌《上邪》，原文并非“山无棱”，乃是“山无陵”，大体为：山无陵，江水为竭，冬雷震震，夏雨雪，天地合，乃敢与君绝。

不知错在剧组还是琼瑶。

前两年，韩国电视剧中，隋炀帝身后屏风惊现毛主席诗词《沁园春·雪》。虽气势磅礴，却滑稽之极。

韩国也跟着起哄！

在我国北方，家中有人辞世，来不及通知所有亲友，会在家门前贴上“恕报不周”的纸条。

那日参加活动，某电视台主持人介绍领导嘉宾，为节省时间，中途说：下面的各位我就恕报不周了……

丑态百出，谁之错？急于求成，伤了谁？

【原文】

阙党①童子将命②。或问之曰：益者与？

子曰：吾见其居于位③也，见其与先生并行也。非求益者也，欲速成者也。

【出处】

《论语·宪问第十四》

【助读】

①阙党：阙里，孔子家住的地方。

②将命：在宾主之间传言。

③居于位：童子与长者同坐。

【大意】

阙里的一个童子，来向孔子传话。有人问孔子：这是求上进的孩子吗？孔子说：我看见他坐在成年人的位子上，又见他和长辈并肩而行，他不是求上进的人，只是个急于求成的人。

【用途】

你若浮躁，我必倒霉。

一碗极致的汤

早晨自助餐甚是拥挤。

在排骨莲藕煲汤前排队，前面几人均把汤勺下沉，于锅底慢摇，探寻到排骨和莲藕后轻轻捞起，放入碗中满意而去。

终于到我。右手持勺，心中速想：别说是莲藕排骨，就是江河鱼虾也经不起多人打捞，锅底干货应该不多，我若再下狠手，后面人将越来越失望。忽想起《菜根谭》至理：路径窄处，留一步与人行；滋味浓时，减三分让人食。

遂，勺至锅边，打汤而去。

汤味清鲜，馥郁香浓，营养皆在其中。排骨和莲藕被文火慢炖而散尽本味，汤才如此甘美。而后查阅，汤之精华，胜过骨藕。

因为谦让，获食真味，无意中独辟蹊径，开辟蓝海。

事业也是一碗汤。大家都想要的，我们不要。众人都想抢的，我们退出。何必在独木桥上拥挤，何必在钢丝上冒险。喝好自己的汤，可以选择，可以放弃，但需品味。细细品味，智慧品味。直到把那碗象征事业的汤，融入身体，融入心灵，融入生活。不惧失败，始终如一，生命不息，学习不止。乃是成功。

经营，不单要悉心选择，还要避开诱惑。如何避开？对项目忠诚。无关的不做，太累的舍弃。能力，越来越强；任务，越来越少。此为“加减成功法”。

心无旁骛地把大事做小，对小事忠诚。则大事可成。

雷军对“小米”忠诚，三年时间手机销量中国第一、世界第三。

褚时健对橙子忠诚，自监狱出来，七十几岁重新创业，“褚橙”流向大江南北。王石对房地产忠诚，若干年前把除房地产以外的项目全部毙掉，于是，今日万科为王。张勇对海底捞忠诚，所以，海底捞，你学不会！听说，房祖名在监狱里用130天的时间看了100本书，我在这里表示祝贺，他开始对读书忠诚。是呀，一个不读书的艺人是多么可悲。祝福他历过坎坷后成为德艺双馨的艺人。

每个行业都可以做到极致，即使扫地，也能扫出个天下第一。这叫一屋可扫，亦能扫天下！

生活是一碗汤，一碗极致的汤。

【原文】

子夏曰：百工居肆①以成其事，君子学以致其道。

【出处】

《论语·子张第十九》

【助读】

①肆：古代制造物品的场所。如官府营造器物的地方，手工业作坊。陈列商品的店铺，也叫肆。

【大意】

子夏说：各行业的工匠要（整天）在作坊里完成自己分内的工作，君子要（终身）学习达到实现道的目的。

【用途】

加能力，减任务，成功之路唯此一条。

富强的真相

弟子问禅师：一个社会，贫富差距过大、分配不均会出现什么结果？

禅师：若是穷人，就作假、欺骗、偷盗和抢劫，还破坏社会规则、挑战政府秩序，也仇视富人。如果是富人，就贪欲、享乐、自私、无情、冷漠，也破坏社会规则、挑战政府秩序，仇视更富的人。穷人生活就雪上加霜。

弟子有些惊恐：若这样，岂不要乱？

禅师淡淡地说：你以为你的社会没乱？

弟子不解，请师傅明示。

禅师：有些富人房子多，却没人住，而且用房子赚钱；有些穷人房子少，却拥挤着住，还买不起房。有些男人，有了钱就去找年轻的女人结婚、谈情；有些女人，为了钱就去和年老的男人结婚、谈情。有些穷人，为了钱不惜铤而走险、出卖良知。

弟子：那就把富人的钱都给穷人吧？

禅师：有的国家试验过，失败了。那个时间，整个国家几乎没有一个富人。不能富强的国家就没了国力。

弟子：那就让所有的穷人都变成富人？

禅师：做不到。这需要社会有无尽的资源才可以让所有人都成为富人。听说中国的北京几公里的路有时就堵车一两个小时。相声里说，北京堵车饿死过人。社会的资源太少了！

弟子：那就把资源平均分配给每一个人，这样就皆大欢喜了。

禅师：把你的汽车给大街上的穷人去开，你愿意吗？把你的房子让陌生人去住，你愿意吗？把你的银行存款取出来供养社会，你愿意吗？

弟子：当然不愿意。

禅师：中国“文革”时期、法国的巴黎公社、20世纪70年代的柬埔寨和150年前的太平天国都试验过，但都失败了。因为平均了，就没有人愿意多付出。干多干少一个样，谁愿意多干？

弟子：那该如何是好？

禅师：让穷人有志气，尊重财富，尊重富人，把自己变成富人。让富人有爱心，爱护穷人、回报社会，让自己更富。

【原文】

子贡曰：贫而无谄[①]，富而无骄，何如？

子曰：可也。未若贫而乐，富而好礼者也。

【出处】

《论语·学而第一》

【助读】

①谄（chǎn）：巴结，讨好。

【大意】

子贡说：贫穷而不谄媚，富有而不骄傲自大，怎么样？

孔子说：这也算可以了。但是，如果虽贫穷还积极向上、快乐于道，虽富裕而又彬彬有礼、回报社会、心念公益，就更好了。

【用途】

学雷锋之后，读《论语》。

您准备好了吗?

每次自助早餐都有些不便，因筷子、勺和盘子放在一个区域。人们端着盘子去打琳琅满目的美食，筷子与勺始终放在盘子上，一不小心，就有掉在地上的危险。

今日早餐在一自助小店。进门直接选餐，最后都要经过柜台，结账后，方可取筷子。用餐者心照不宣，安静有序。如此一来，既减少客人提前拿筷子的负担，小店又节省了劳动力成本。

终于明白，为什么洗浴中心要结完账再换鞋了。怕你跑了呗！

筷子改变位置很简单，但这里包含着设计、执行、评估、设备、能源和流程的系统建设。在西方叫工业工程。

成功如此简单，我咋没想到呢?

益达口香糖的广告是告知人饭后嚼两粒，为何要嚼两粒?提高一倍的销量呀！

保洁公司的洗发水引导性更强。前两年说一周洗两次头最适宜，后来说一天一次比较好，现在说早晚各一次，秀发更健康。

安利公司的润肤蜜最初出液口向上，如啤酒一样，用时要倒置过来挤出，有时还要用力在手上磕一磕。改良后，口朝下摆放，只要把盖打开，轻轻一摇，液体不挤自出，每次都多。不知销量又提升了多少倍！

我用的洗面奶也是倒置立放的，口很粗，稍一摇晃，奶液就溢满半个手掌。

商家处心积虑、用心良苦，把消费者的使用习惯研究得鞭辟入里。

也有人不愿意思考，甚至急功近利。行色匆匆上马，手忙脚乱败阵。

1485 年英国国王理查三世于波斯沃斯战役殉国。战斗进行的当早，马夫说那战马的马蹄缺少一颗铁钉，理查说等不及了，要马上出征！战场上，恰因为这只没有钉好铁钉的马蹄导致人仰马翻。

少了一个铁钉， 丢了一只马掌；少了一只马掌， 丢了一匹战马；少了一匹战马， 败了一场战役； 败了一场战役， 亡了一个国家。

一个小小的疏忽会带来巨大的灾难，您警觉了吗？

【原文】

子贡问为仁。子曰：工欲善其事，必先利其器。居是邦也，事其大夫之贤者，友其士之仁者。

【出处】

《论语·卫灵公第十五》

【大意】

子贡问怎样实行仁德。孔子说，一个工匠，应先把工具修理得锋利、得心应手，才可把工作做得完善。住在这个国家，想对这个国家有所贡献，必须结交社会上各种贤达的人。

【用途】

成功来源于实力，实力来源于准备。

老实人

与朋友数年未见。

她有些好奇，以前你口若悬河、奇思妙想，现在却温润如玉、沉默寡言？

我开玩笑说，装的。

怎么装？

无欲则装。装装的就回不来了。

她说这样好，男人本应沉静和厚重。

知道自己离厚重还差得远，但确有个理想——做个老实人。做个老实人挺难的。难处在于总与不老实人在一起。后来就有意避开那些看似精明，实则虚假之人。

朋友问如何识别这种人？

很简单，只要是总爱在言语中表现自己，在人前显摆自己，在钱、权、色中管不住自己的人，就该远离。即使有些人很有来头，很有派头，很有兆头，也要离开。

不是说要与优秀的人同行吗？

同行的目的是为了获得高远的境界、优雅的生活、美好的心灵和如意的成绩，但还有一个比“同行”更有效的办法，就是让自己成为有价值和优秀的人。

朋友回忆，说前段时间接触了一个北京的大企业家，社会职位显赫，三句话不到，就会提到自己与马云、雷军、柳传志和某省部级领导如何如何，而且总会将话题绕到自己曾经获得“全国劳动模范”称号的殊荣，以及为某市长出谋划策的经典。

朋友说的这类人在北京多得是。尤其在酒桌上，每个人资产数亿，都能和中央级领导通气，还说私交甚好。有一次实在听不下去了，佯装头痛离场。

哦，原来是这样装的。你真能装。朋友也玩笑。继而又问，老实人的标准是什么？

做了公益不牛气，干了好事不声张，帮助别人不求报。

嗯，这样的老实人真好，我也当老实人。

【原文】

子曰：孟之反①不伐②，奔③而殿④，将入门，策其马，曰：“非敢后也，马不进也。”

【出处】

《论语·雍也第六》

【助读】

①孟之反：名侧，鲁国大夫。

②伐：夸耀。

③奔：败走。

④殿：殿后，在全军最后做掩护。

公元前 484 年，鲁国与齐国打仗。鲁国右翼军败退的时候，孟之反在最后掩护败退的鲁军。对此，孔子给予了高度评价，宣扬他提出的“功不独居，过不推诿”的学说，认为这是人的美德之一。

【大意】

孔子说：孟之反不喜欢夸耀自己。败退的时候，他留在最后掩护全军。快进城门的时候，他鞭打着自己的马说：“不是我敢于殿后，是马跑得不快。”

【用途】

忙碌的社会，都以为聪明人走得快，实际老实人才不吃亏。

战胜三张嘴

战国时期。

为了使诸侯国真正能遵守信约，国与国之间通常都将太子交给对方作人质。

魏国大臣庞恭，将要陪魏太子到赵国去作人质，临行前对魏王说，现在有一个人说街市上出现了老虎，大王信吗？

魏王摇头，说不信。

庞恭说，如果有第二个人说街市上出现了老虎，大王信吗？

魏王将信将疑。

庞恭又说，如果有第三个人也说街市上出现了老虎，大王信吗？

魏王说，既然大家都说有，我基本会信。

庞恭说，街市上不会有老虎，这是明显的事。可经过三人一说，好像真的有了老虎了。现在赵国国都邯郸离魏国国都大梁，比这里的街市远了许多，议论我的人又不止三个。希望大王明察才好。

魏王笑，这一点我还是懂的。

庞恭告辞而去。

果然很快就有许多谣言传到了魏王耳朵里，说庞恭亲近太子，试图谋反。后来太子结束了人质的生活，回到了祖国。果然庞恭再也没有见到魏王。

此故事叫“三人成虎”。看了之后，心存疑惑。

见蜗牛爬行，从不停止。任凭闲言碎语、雷电交加，依然风雨兼程。

问它，为何执着？

它说不知何为执着，只懂朝目标前进。前进时，不羡慕驾风行走的人，也不嫉妒功成名就的人，更不惧怕诋毁、诽谤和赞誉。

有些好奇，诋毁和诽谤是伤害，我们要与之作对。赞誉是鼓励，何谈惧怕？

有时夸奖更是打击，比批评厉害。赞誉是一杯温柔、浪漫的酒，能让人喝醉，醉了之后找不到方向，还不如听一些讽刺的话，激起动力。觉得自己有优势了，就自鸣得意。一得意就忘形，一忘形就失败，一失败就抱怨、愤怒、躁动，或许还仇恨。

原来。

做人要一种功夫，世界上都称赞你也莫因得意而努力过头，所有人都说你不行也依然平静而不沮丧。

或许说我们的不止三人。你打开微信、微博时充满了冲击你的信息。那到底该如何面对呢？

【原文】

子贡问曰：乡人皆好之，何如？

子曰：未可也。

乡人皆恶之，何如？

子曰：未可也。不如乡人之善者好之，其不善者恶之。

【出处】

《论语 · 子路第十三》

【大意】

子贡问孔子说：全乡人都喜欢、赞扬他，这个人怎么样？

孔子说：不能肯定。

子贡又问：全乡人都厌恶、憎恨他，这人怎么样？

孔子说：这也不能肯定。最好的人是全乡的好人都喜欢他，全乡的坏人都厌恶他。

【用途】

走自己的路，让坏人恶，让好人赞。

活得跟孙子似的

朋友问我法院执行局有熟人吗。

问其缘由，是与妻子离婚，法院判对方赔200万，但迟迟不给。

不给就别要了。

那不行！错在她，证据在手，伤我至深，孩子也被她“抢”走。

我只能说没熟人。两个大男人与法警“串通”，去执行孤儿寡母，虽合理，但不合情。毕竟曾经夫妻，还能兵刃见血？

继续劝他，或者少要，给多少算多少。不是夫妻，还是孩子他妈。离婚之错是二人铸成的。宽容，宽容。

朋友宽容钱了，人却狭隘得不行。深陷离婚痛苦中。不能自拔，不能自理，不能自立。坐卧难宁，吃喝难下，愁苦难耐，寂寞难当。

我与他苦口婆心，他依然唠叨如故。说快坚持不住了，工作不下去，睡眠质量差，抑郁要成灾。还说可能哪 ·天没准从高楼上飘摇坠落。

四十多岁男人，又是知识分子，在社会上也有些影响力，却让离婚折腾得生死不能。

我不能再劝他，什么“身体发肤受之父母”，“天降大任于斯人也”，因为他懂，比我还懂。我说祝贺你。

祝贺？

因为你想死。死是勇气，是归宿。人一旦确定想死，就是活够了。活够了就让位。如同看电影，不看请退场，没人拦着。活有活的难，死有死的好。死去吧！

啊？！他惊诧。

恐怕你还没那么大本事。想死？没那么容易！你不敢死，也死不了，因为不作不死，作了才死。人家诗人跳楼，是去寻找幸福。你说去死，等于混不下去了，被单位开除。

他承认，不想死。但总说自己要抑郁，有要死的感觉。问我多次到底该怎么办？我说没招，等着。等死，或等活。再活一次，是涅槃。别那么软弱，不就离婚吗？看把你吓得孙子样儿！

【原文】

冉求曰：非不说①子之道，力不足也。

子曰：力不足者，中道而废②。今女画③。

【出处】

《论语・雍也第六》

【助读】

①说：同“悦”。

②中道而废：半途而废。

③女画：你能进而不进，甘于放弃。女，同“汝”（rǔ）；画，同“划”，划定界限，停止之意。

【大意】

冉求说：老师啊，我不是不喜欢你的学说，只是我能力不足。孔子说：如果是能力不够，可能会走到半路，不得不停下来，而你现在，是还没往前走，自己就止步不前了。

【用途】

坚持，是你唯一的出路。

咱不急

有读者问，学国学怎样能够事半功倍？

我说没有事半功倍，只有水到渠成。

书到用时方恨少，急功近利祸端多。浮躁是成功的大敌，其本质是贪功求名。往往是揠苗助长，以悲剧收场。

按相对论的规律，速度越快，质量越大，速度越快，长度越短。可见，速成是以牺牲素质带来后患为代价的。

按部就班地学，没觉得太困难。请假后再补课，就要做出几倍的努力了。

肯德基与麦当劳采购“速成鸡”，45天可达数斤之重。被央视曝光后，元气大伤。那家供货商，也因此股票暴跌。

《菜根谭》说：伏久者，飞必高；开先者，谢独早。

我们有时太过着急。人家都赚人钱、当人官、出人名了，自己还是无名小卒在路途中默默行进。实际，只要方向正确，保持平衡，不被喜悦冲昏头脑，总有一天会达自己理想去处。

着急可丧命。

关羽在赤壁大战中不仅未立寸功，反而因私放曹操而违反军纪。虽有刘备说情未予追究，但一贯心高气傲的关羽觉得面子尽失，一心想找回曾经的辉煌。但他已陷入了天下无敌的神话中不能自拔。他若不在樊城久打消耗战，不图立即收复荆州，恢复名誉，当不至于全军覆没、身首异处。

着急则肾虚。

小时家里没有暖气，用炉火取暖。

冬日寒冷，在炉子风口用扇子使劲扇动。火苗旺盛，暖气宜人。不久，室内温度降低，任凭如何用力扇风，炉火愈来愈小。原来，煤将烧尽。若不添新煤，恐炉灭屋冷。

忙碌身心、透支体力，不正是那只顾扇风取暖，不知停下添煤的火炉吗？

先到几步又该如何？磨刀不误砍柴工。集腋成裘，跬步千里。一步一步稳健地走好吧。咱不急。

【原文】

子曰：无欲速，无见小利。欲速则不达，见小利则大事不成。

【出处】

《论语·子路第十三》

【大意】

孔子说：不要求快，不要贪求小利。求快反而达不到目的，贪求小利就做不成大事。

【用途】

十年磨一剑，霜刃未曾试。今日把示君，谁有不平事？

我以为

你为什么吻我？女孩羞愧而愤怒。

我以为你是爱我的，男孩弱弱回答。

“啪”的一记耳光，落在男孩脸上，女孩附加两个字，无耻！

……

8 点钟开会。一部长 8:30 悠然走进会场。

为什么迟到？领导问。

我以为同往常一样，还是 8:30。

……

老师检查学生背诵古诗情况。

学生结结巴巴，面红耳赤。

为什么不熟？老师问。

我以为这篇不用背。

……

曹操夜察军营。见众士兵纷纷打点行装，准备撤离。遂，大惊。急招夏侯惇，问何故？

夏侯惇说是杨修所为。

忙召见杨修。

杨修说，丞相以“鸡肋”作为口令，乃食之无味，弃之可惜。我以为您要撤军。

曹操大怒，将修杀掉。

……

某国战败。事后总结，皇帝说，我以为敌国不会来犯。

……

生活里，但凡“我以为”，基本上都是错的，大多持侥幸心理或凭经验办事。您有过“我以为”吗？

【原文】

子曰：多见①阙②殆③，慎行其余，则寡悔④。

【出处】

《论语·为政第二》

【助读】

①见：见识，观察。

②阙（quē）：同“缺”，空缺之意。

③殆（dài）：危险，没把握。

④寡悔：减少后悔。

【大意】

孔子说：多观察，不要做没把握的事，行动时要谨慎，便能减少后悔的状况。

【用途】

用心聆听，充分领会。不太确定，也别瞎猜。不能妄为。

读书，读书

昨晚。

做了一件好玩的事。有男有女，欢聚一堂，诵读《论语》。谈分享，说感悟，引原文。特愉悦。

本来说好有那位令人尊敬、颇有权威的领导参加的。这样就能多来一些人读书。不是冲着《论语》来，不是冲着孔子来，也不是冲着我来。而是，冲着领导来。

这世界很奇怪。有领导就有权威，有财富就有追随，有名流就有粉丝。

领导说读《论语》怕露怯，出尴尬。实则是谦虚。其学识、人品均卓尔不群。问我可以不参加吗？我说可以。心里掠过一丝遗憾，领导不参加谁来读书？

突然。

心里生出一种感觉，觉得自己很龌龊。为了让大家读书，拉领导“虎皮”，扯读书大旗。知道定会有人请假，定会有不请假也不来的。因为领导不来。

真正信佛之人不用拜佛，是心中有佛。真正读书人，是纯粹和率真。若有半点复杂，就是“以文会友，以友辅仁”。但，此事不是针对领导的用心良苦，也不是假借读书之名与领导“感情融洽”。

在微信群中，那位领导每天都会发一条中英文对照的经典，风雨无阻。即使在新疆、西藏，即使公务繁忙，压力山大。有人对领导所发的经典语句予以讨论和评说。可有时领导发个“早”，竟然有人也使劲地赞，笑脸、鲜花一片。这就没必要了吧？若真想学习，就说观点、读经典。

而不是无故、无心、轻易地点赞。

有人请假是忙，真忙。有人请假或不请假，是假忙。领导不在，读书无味。不知道您是想读书，还是想读人。

做一次干净的读书。

读书使人进步，喝酒令人胡说。在众人忙碌和浮躁中用心地读书，是赚了大便宜。没有领导和名流参加，在你的心中就放不下一张安静的书桌？

人品乃最高学历，读书是至乐生活。

人家都不读，咱读，是高明；人家都冲着领导读，我们为了自己读，是精明。见小利，不能立大功；存私心，岂能谋公事？

今天。

人家当领导，是真读书，读真书，读书真。而您，却煞有介事地读，附庸风雅地读，装模作样地读。别找了，说的是您。

上学时候，我经常抄人作业。见老师来就一本正经。长大后，发现自己大错而特错，苦难了好多年，为曾经的过失买单。

【原文】

子曰：古之学者为己，今之学者为人。

【出处】

《论语·宪问第十四》

【大意】

孔子说：古代人学习的目的在于修养自己的学问和道德，从而提高自己。现代人学习的目的是急功近利、沽名钓誉，甚至装饰自己给别人看。

【用途】

装，总有一天会露馅。

祝您“刚刚好”

弟子：什么是奋勇有为？
禅师：怯懦与鲁莽之间。
弟子：什么是慷慨大方？
禅师：吝啬与奢侈之间。
弟子：什么是意气风发？
禅师：满足与贪婪之间。
弟子：什么是谦虚谨慎？
禅师：自卑与骄傲之间。
弟子：什么是说一不二？
禅师：秘密与多嘴之间。
弟子：什么是风趣幽默？
禅师：冷漠与滑稽之间。
弟子：什么是友善可亲？
禅师：暴戾与谄媚之间。
弟子：这叫中庸吗？
禅师：是，也叫中行。
弟子：中庸的通俗解释是什么？
禅师：刚刚好。

【原文】

子曰：不得中行[①]而与之，必也狂狷[②]乎！狂者进取，狷者有所不为也。

【出处】

《论语·子路第十三》

【助读】

①中行：行为合乎中庸。

②狷（juàn）：拘谨，不敢作为。

【大意】

孔子说：我找不到奉行中庸之道的人和他交往，只能与狂者、狷者相交往了。狂者敢作敢为，有时也好出风头、肆意妄为；狷者过于保守、容易错过机会，对有些事又不肯付出。

【用途】

喜欢冒进，过于大方，敢作敢为，叫狂；畏首畏尾，容易退缩，不敢作为，叫狷。不偏于狂，不偏于狷，叫中行。

人始终要矫正自己，不偏于任何一方，适当牵制，互相补充，才可行于光明之道。太苦，太乐；太悲，太喜；太苛刻，太大方；太耻辱，太荣耀。都是危险。

祝您“刚刚好”。

刚强一些该多好

弟子：如何做一个豁达之人？

禅师：让自己刚强起来。

弟子：我很刚强。凡事不落人后，遇到对手设法将其击败，即使和别人辩论我也力争上游，几乎从不失败！

禅师：那不是刚强，是欲望。

弟子：我并不贪财、好色，在单位工作积极努力，时常受到领导表扬，怎么说有欲望呢？

禅师：欲望是对目标的迫切和贪婪。所谓的“刚”，并不是指逞强好胜，而是一种克制自己、管理自己的功夫。在目标面前，不猜忌、不忐忑、不患得患失。在一片可以收获的田地中，只问耕耘，不问收获，始终如一，不轻易改变。这才算是真正的“刚”啊！

弟子：原来看似刚强之人未必刚强，看似勇敢之人未必勇敢，看似智慧之人未必智慧，看似仁德之人未必仁德呀！

禅师：都是因为欲望。让自己刚强起来就豁达了！

【原文】

子曰：吾未见刚者。

或对曰：申枨[①]。

子曰：枨也欲，焉得刚？

【出处】

《论语·公冶长第五》

【助读】

①申枨（chéng）：枨，姓申名枨，字周，春秋时鲁国人，精通六艺，孔子七十二贤弟子之一。年轻时好争强斗胜。

【大意】

孔子说：我没有见过刚强的人。

有弟子回答：申枨就是刚强的。（他虽然年纪很轻，可是每次在和别人辩论时，却总是不肯轻易让步。即使在面对长辈或师兄时，申枨也毫不隐藏，总是摆出一副强硬的姿态。大家都对他退让三分。）

孔子说：申枨这个人欲望太多，怎么能算刚强呢？

【用途】

有刚强，心安宁。

时间呀，时间

弟子：总有人嘲笑我，我很苦恼。

禅师：那你就闷头苦干。

弟子：身边同事们经常议论，想再找一份好工作。

禅师：那你就想如何做得更出色。

弟子：经常有人抱怨待遇低、工作苦。

禅师：那你就思考解决之道。

弟子：领导有派别之分，有人在想着归入哪一派。

禅师：归入哪一派都有可能失败。你要做的就是寻求专业突破。

弟子：别人都回家休息了，我也想按时上下班。

禅师：不。你要早来，晚走，加班。节假日去学习，或参加专业培训班。

弟子：这样岂不太辛苦？

禅师：差距都是这样形成的，荣誉都是这样打造的。再过几十年就死了，还不赶紧努力工作、刻苦学习！

【原文】

子在川上曰：逝者[①]如斯[②]夫，不舍[③]昼夜[④]。

【出处】

《论语·子罕第九》

【助读】

①逝者：指流逝的时光。

②斯：这里指“川”，即河，河流。

③舍：休息，止息。

④昼夜：白天和黑夜。

【大意】

孔子在河边感叹道：时光像流水一样消逝，日夜不停。

【用途】

适合珍惜时间、珍重生命、想把生活过得美好之人。

耻篇第八

非同道，不同行

弟子：为什么有人在名片上印很多职务？
禅师：实力不足。
弟子：为什有人喜欢夸耀自己有钱？
禅师：财富不多。
弟子：为什么有的领导不平易近人？
禅师：权力不大。
弟子：为什么有的名家架子特大？
禅师：心胸不宽。
弟子：为什么有人总把慈善挂在嘴边？
禅师：善心不真。
弟子：为什么有人把精力放在吃、穿、玩、乐上？
禅师：志向不远。
弟子：您身边有这样的人吗？
禅师：有。但我不与他们多交流。

【原文】

子曰：士志于道，而耻恶衣恶食者，未足与议也。

【出处】

《论语·里仁第四》

【大意】

孔子说：一个人如果立志于大道、忠诚于自己的理想，那么还对穿衣、吃饭挑剔，迷恋于享受，这种人实在没有必要与他多谈论什么。（相反，一个斤斤计较个人吃穿等生活琐事，时常讨论包、表、车、房之人，也不会有太远大志向。因此，根本就不必与这样的人去讨论什么道的问题。）

【用途】

找伙伴，交朋友，行此方。

模特不好当

似乎臀模是不可以登上大雅之堂的，如胸模和裸模一样。谁家父母骄傲地与邻居说，我家女儿做臀模，做胸模，做裸模？

西安90后女研究生赵某当臀模，有“西安第一臀”的美称，半天收入高达三千。似乎有个定律，本该在衣服里面的，潇洒到衣服外面；本该给很少人看的，却给很多人看，收入都高。

女孩半天的收入，抵得上农民三亩地一年的利润。叫人不得不眼红。马克思在《资本论》中指出，如果有10%的利润，资本就会保证到处被使用；有20%的利润，资本就能活跃起来；有50%的利润，资本就会铤而走险；为了100%的利润，资本就敢践踏人间一切法律；有300%以上的利润，资本敢犯任何罪行。

不知道女孩的利润是否高于300%。

美国有个既漂亮又文雅的女孩，想嫁给年薪50万美元的有钱人。并说自己根本不贪心，以自己的容貌找年薪100万的也不过分。

华尔街一名金融家说，跟你结婚是个糟糕的经营决策，你所说的其实是一笔简单的“财”“貌”交易：甲方提供迷人的外表，乙方出钱，公平交易，童叟无欺。但是，这里有个致命的问题，你的美貌会消逝，但我的钱却不会无缘无故减少。事实上，我的收入很可能会逐年递增，而你不可能一年比一年漂亮。从经济学的角度讲，我是增值资产，你是贬值资产，不但贬值，而且是加速贬值。

金融家给出了建议，你若同意租赁，我们可以商量。都知道，这方式在中国叫“包二奶”。

我们不反对赚钱，但反对无所顾忌地赚钱。中国女孩与美国女孩应是五十步笑百步的关系。看来，为了钱可以牺牲一些什么，无论东方还是西方。

【原文】

子曰：富与贵，是人之所欲也，不以其道得之，不处也。
　　　贫与贱，是人之所恶也，不以其道得之，不去也。

【出处】

《论语·里仁第四》

【大意】

孔子说：富裕和显贵是人人都想得到的，但若用不正当的方法和途径得到，就不应去享用；贫穷与低贱是人人都厌恶的，但若用不正当的方法和途径去摆脱，宁可保持原状。

【用途】

找个有钱人，不如让自己成为有钱人。一心多赚钱，不如让自己很值钱。

不知你是谁，但知你为谁

小时候，爸妈说好好学习是为走出庄稼地，找个好工作，娶个好媳妇。如今，已经走出庄稼地，找了好工作，娶了好媳妇，还用学习吗？

发现身边好多人都在学习。

那次讲完课，有人称赞讲得太好了，后悔没让老婆来。问他为何，他说老婆来了可以接受您的教诲，就不和我打架了。我说，你别和她打不就行了吗？他说不行呀，错都在她。

才明白，这家伙学习是为了教育老婆。

经常有读者谈感受，说您的书真好。问其好在哪里，回答说适合孩子看。我有点奇怪，读者一本正经，说现在的孩子都被电视和网络教坏了，就应该读您这样的书净化心灵。我笑了，问，您读吗？他说我这都这么大人了，不用读！

又明白，他们是为了教育孩子才读书的。

高校的高管班讲《韩非子》《管子》和《孙子兵法》时人满为患，此类课程告知人如何当领导，怎样管下属，用什么样的招数应对竞争对手、社会关系。当听到那些鲜为人知、机关算尽的计谋时噤若寒蝉。而不少人却津津乐道，如拨云见日一般喜悦。

还明白，有人学习是为了对付下属，对付领导，对付客户的。

朋友愤恨老师，说只关注孩子分数，连基本的礼节礼貌都不教，孩子走出校门不就废了吗！我说你大可不必怨老师，因为老师不容易，他不把分数搞上去，就晋不了级、得不到奖金。

谁不是老婆孩子一家人，不赚钱能行吗？他说那就怨校长。我说校长也怨不着，因为学生没有好成绩，校长脸上没有光，恐怕还要受局长批评。他说是呀，最应该怨的是教育局局长。我说怨教育局局长也没必要，每个城市都在比分数，他这个城市不把分数搞上去，家长们能愿意吗？当然，也不用责备教育部。自己庄稼自己种，自己孩子自己管。管孩子时自己先学习，先读书。不是为了孩子而读，是为了自己去读。家长懂事明理，孩子就懂事明理；家长严格要求自己，孩子就严格要求自己；家长正义仁德，孩子就正义仁德。

学习如吃饭，别人替不了。只有自身好，孩子才会好，单位才会好，社会才会好，国家才会好，天下才会好。

【原文】

子曰：古之学者为己，今之学者为人。

【出处】

《论语·宪问第十四》

【大意】

孔子说：古人学习的目的在于修养自己的学问和道德，今人学习的目的却在装饰自己、役使他人。

【用途】

学不为己，伤己伤人。

我也厌恶

儿子大学毕业，准备外出创业。

父亲说，如今世风日下，人心不古，自私自利，还有人机关算尽，口蜜腹剑，你若与人争执怎么办呢？

儿子回答，我会忍耐，即使有人把唾沫喷到我脸上，我也只会擦掉，不和他争吵。

父亲焦虑地说，这正是我担心的啊，人家把唾沫喷到你脸上说明他很生气，你擦掉它不是更激怒人家吗？要是我，就让唾沫自然风干。

儿子连连称是。

不知爷俩做了何等让人讨厌和唾弃的事，唾沫啐到脸上都不敢擦。

一对卑躬屈膝、不懂廉耻、好坏不分的父子出现在我眼前，我也讨厌，也想把唾沫啐过去。

不相信说真话、有真情、具真心、做真事的真人会遭人厌恶，而那些人云亦云、苟且偷生、得过且过之人理应被社会遗弃。

前几日参加了一个逢场作戏的宴席。席上有对黑社会的逢迎、无原则的尊敬，有对奋斗者的嫉妒与诋毁，有激情的劝酒、拼酒和固执的争辩，还有桀骜不驯的叫骂、放荡不羁的狂笑。才发现，社会如此险恶。

突然有一种不幸之人蒙冤被关进监狱的感觉。幸好没有被控制自由。起身离开，婉言告退。

父子俩的对话，一桌人的纵情，我深恶痛绝。

【原文】

子贡曰：君子亦有恶[①]乎？

子曰：有恶。恶称人之恶[②]者，恶居下流[③]而讪[④]上者，恶勇而无礼者，恶果敢而窒[⑤]者。

曰：赐也亦有恶乎？

恶徼[⑥]以为知[⑦]者，恶不孙[⑧]以为勇者，恶讦[⑨]以为直者。

【出处】

《论语·阳货第十七》

【助读】

①恶（wù）：厌恶，讨厌。

②恶（è）：罪过、不良的行为。

③下流：地位低下。

④讪（shàn）：毁谤，嘲讽，讥笑。

⑤窒：阻塞，指固执不明理而阻碍难行。

⑥徼（jiǎo）：抄袭、窃取。

⑦知：同“智”。

⑧不孙：孙，同“逊”。不谦恭、不恭敬。

⑨讦（jié）：揭发、攻击别人的隐私或缺点。

【大意】

子贡说：君子也有讨厌的事吗？

孔子说：有讨厌的事。讨厌称赞别人罪过的人，讨厌才能不高而毁谤有才能的人的人，讨厌果断勇敢却固执不明理而阻碍难行的人。

孔子说：子贡，你也有讨厌的事吗？

子贡说：讨厌窃取别人的而自以为聪明的人，讨厌不谦恭而自以为勇敢的人，讨厌揭发、攻击别人的隐私或缺点而自以为正直的人。

【用途】

不做让人讨厌的人，远离让人讨厌的事。

如梦初醒

二十多岁总做一种梦。

开车时方向盘出奇得高，需站立起来，踮着脚尖、举起双手，如拉住单杠一样扶住方向盘。车子好不容易行驶正常，却踩不住刹车，倾尽气力，孤注一掷，才悬崖勒马。醒后一身冷汗，时常心有余悸。

应是年少轻狂、痴心梦想、名利心太重而导致，被同龄人的成功挤压得夜不能寐，对成名与进步渴望得寸阴若岁。

过犹不及，凡事有度。不会因为丧心病狂就会有人对你情有独钟。相反，越是急功近利，与目标越是背道而驰，和机会越是擦肩而过。

后来想，梦里踩不住刹车，大概是自己能力弱，水平低，驾驭不住成就而被梦境提醒。

数年后才知道，沽名钓誉、好大喜功是个祸。情感受挫，身体受损，生命垂危都是在为自己的疯狂买单。

德薄而位尊，智小而谋大，力小而任重，会被压垮，且败得很惨。

长大了，有了一些小成绩，但觉得名气还小，所得还少。便无时无刻不在炫耀，随时随地显摆。突然觉醒，不能重蹈覆辙！

隐伏很久的鸟，一旦飞起必能冲天；很早盛开的花木，败落时凋谢得很快。有什么可急的呢？即使达到目的，了却心愿，又该如何！人生没有停滞，哪个时期都要一步一步地往前走！

速成，是以牺牲质量、带来后患为代价的。浮躁，是健康成长的大敌。

《周易》云：时止则止，时行则行，动静不失其时，其道光明。

没到你出牌就出牌叫犯规，轻则黄牌警告，重则罚下赛场。适可而止，适时而行，是大智慧。无论多么想成功，也不能急躁，也不能浮躁，也不能焦躁，也不能烦躁。甚至吃不下饭，睡不好觉，都没用。唯一的办法是多努力，少期待，好好学习，天天放下。

【原文】

子曰：吾尝终日不食，终夜不寝，以思，无益，不如学也。

【出处】

《论语·卫灵公第十五》

【大意】

孔子说：我曾经整天吃不好饭，睡不好觉，去思考如何成功，但并没有丝毫益处，还不如立刻去学习。

【用途】

谦卑、豁达、努力、友善、诚信、孝悌、忠义、勇敢和廉耻都需要学。何时学？立刻学，无借口地学。

说汉奸

为什么会有南京大屠杀的惨痛呢？因为日本人侵略中国成功了。为什么日本人侵略中国成功了呢？有一个重要原因是因为有汉奸。有大汉奸，不思进取，寻欢作乐，玩弄家国，乃卖国贼。有小汉奸，见钱眼开，见色起意，被日本人收买利用，为一己之私，帮助野兽残害国人。

对于我国第一个南京大屠杀死难者国家公祭日，唯有悼念死者、铭记历史，来尽一份国人的义务和责任。

还可以做到，不当汉奸。教育妻子与孩子不当汉奸。因为，汉奸最终要被杀死，而且后世永不能翻身。

汉奸之多，不计其数。有的早不知你是谁，但我非常知道你害了谁。害人者必被害。你跑不掉。你的后代跑不掉！如同日本民众，被美国投放了原子弹，竟不知为何而死。

日本民众是无辜的。但领导人好比家里的大人，做了坏事自然要子孙来承担。还用证明什么？

侵略战争，满足了一个人或一批人的野蛮欲望，却残害了两个国家人民的身心与家园。

罪愧祸首日本制造了惨无人道、震惊世界的南京大屠杀，我国 30 万无辜群众成为亡魂。中国人牢记惨训，昭昭前事，惕惕后人，继往开来，永志不忘。以史为鉴。

昨日。一尊高 1.65 米、重 2014 公斤的三足圆形铜鼎被永久设立在侵华日军南京大屠杀遇难同胞纪念馆集会广场上。在电视中看隆重肃穆，威严沉重，想 77 年前同胞被日军残杀，不禁血泪盈襟。见妻子、儿女也情绪低沉，心神伤悴，表情凝重，眼含热泪。

一家四口向南京方向三鞠躬。告诉孩子要争气，为中国人争气！

此乃国之大殇，小家何以不祭！

此外。我担心，泱泱大国，某些为了钱和为了色无所顾忌、贪婪成瘾、不择手段的人重走历史，再成汉奸！

【原文】

子曰：志士仁人，无求生以害仁，有杀身以成仁。

【出处】

《论语·卫灵公第十五》

【大意】

孔子说：志士仁人，没有贪生怕死而损害仁义的，只有牺牲自己的性命来成全仁义的。

【用途】

居安思危，暂不用抛头颅洒热血；有备无患，只奉劝别坑人别害人。

你快乐吗？

快乐，和贫富无关。烦恼，与贫富有关。

总有人愿意把快乐建立在权贵、名誉、财富上。得到，高兴一时。失却，烦恼一生。

因为贫富而烦恼的人，是把贫富当目的了。贫富是人生过程。把过程当目的的人高兴得太早，烦躁、愤怒、怨恨得也太早。

日子过得再差，也有不如你的人。生活再富裕，也有比你强的家。于生活里，要学会制造快乐、创造快乐，将快乐延续和传递。

故事说，很久以前，一群智者认为，快乐是高贵的，只有高级的聪明人才有权力获得，于是想把快乐藏起来，独自拥有。

但，藏到哪里才能让人找不到呢？

一人建议，把快乐埋藏在土里是否可行？

领导说，不行，这些人会挖地三尺把快乐找回去的。

又有人说，把它藏进大海吧？

领导说，恐也不行，他们会潜入海底把快乐窃走的。

还有人说，把它藏在世界上最高的山峰上。

领导说，他们会不顾一切地攀爬，从而摘走快乐！

众人犯难了。到底藏在哪里才能让人们找不到呢？

领导思考良久，说：把快乐藏在他们的心中，就很难找到了。因为人们总把快乐寄托在别人身上，从来不在自己的心中寻找快乐。

得到不该得到的东西，叫短暂。失去该失去的东西，叫长久。人一不小心就被诱惑击败，再不小心，就被吝啬俘虏。什么是最大的吝啬？如同故事中，本来怀揣快乐，却满世界地寻找。

快乐，在义。正义，仁义，大义。无义之举，是纵情。只要是澎湃的快乐都不长久。回归一个平淡的、安静的、稳健的情愫，即使贫寒，即使粗糙，即使简单，但快乐。

【原文】

子曰：饭①疏食②，饮水③，曲肱④而枕之，乐亦在其中矣。不义而富且贵，于我如浮云⑤。

【出处】

《论语·述而第七》

【助读】

①饭：这里是吃，作动词。

②疏食：粗粝的饭食，糙米饭。

③水：古代称冷水为水，热水为汤。

④曲肱：弯着胳膊。肱（gōng）：胳膊，由肩至肘的部位。

⑤浮云：比喻看得到却得不到的东西，随时可以散去。是无实际意义的事物。网络语“神马都是浮云”恰如孔子之意。浮云和粉丝相似，虚无缥缈，转瞬即逝。

【大意】

孔子说：吃粗粮糙米，喝冷水，弯着胳膊当枕头，乐趣也就在这中间了。用不正当的手段得来的富贵，对于我来讲就像是天上的浮云一样（随时可以散去）。

【用途】

不计贫富，忘记繁华。做一个对财富、权势失忆的人，重新体悟快乐吧。

不能容忍

秋天肃杀，草木枯落，阴气渐长。容易死人。人称“多事之秋”。

连续参加两个葬礼。一是年近六旬的前辈，其母去世。一是四十刚过的同学，其父西游。

前辈德高望重，见我吊唁，忙行“孝子”之礼，跪地磕头。大为感动，虽有“孝子头，满街流”之说，但人家毕竟是领导，是老师。前辈表情凝重，动作略有迟缓。我理解，那是失母之痛。劝慰节哀顺变，哀则当止。

前辈何尝不知，母亲此行，与世长分，魂游冥府，百喊不闻。但与母亲血脉相连，怎能不悲！

次日参加同学父亲葬礼。竟然看不出他有丝毫哀伤之色，而且与另外几位同学说笑打闹，说酒席已经订好，中午好小聚。

突生出自心底的厌恶，把份礼交予手中，准备急速离开，不想停留片刻。

同行同学劝阻，既来之则安之，何必来去匆匆？

我是很少参加集体活动的。若有结婚、迁居、开业、庆典，一般都会让朋友把礼金捎到，即便到场问候，也很快离开。但对于丧礼，大多恭敬谨慎、肃穆谦卑。这是一种最基本的素养和人文情怀，活人可以少顾及，死人尽量送一程。

此行无伤。同学不伤，我何以伤？此行不敬。同学不敬，我何以敬？可怜逝去的老父，黄泉路还未走稳，儿子已经喜笑颜开。

终见其嘴脸。印象里他很热情，为朋友，为同学，为客户，跑前忙后，不亦乐乎。尤其有领导父母过生日，他尤为积极，十分真诚。满口孝敬，一身行动。但，那是别人父母。

《孝经》说，不尊敬自己的父母而去尊敬别人的父母，叫背叛礼法；不爱自己的父母，而去爱别人的父母，叫缺德。缺大德！枉为人，是禽兽。乌鸦也反哺，羔羊还跪乳。此君，禽兽不如！

大概，我没有这样的同学。

【原文】

子曰：居上不宽，为礼不敬，临丧不哀，吾何以观之哉？

【出处】

《论语·八佾第三》

【大意】

孔子说：当领导不能宽厚待人，行礼的时候不严肃，参加丧礼时也不悲哀，这种情况我怎么能看得下去呢？

【用途】

遇到对自己父母不善者，须迅速远离。无论他有多好。切记！

这几个女人，我真怕了

年少时开餐厅总受欺侮。尤其地痞无赖，吃饭时把上衣脱下，露出身体刺青，其意为震慑老板免于结账。不结账我自然要战斗。无奈身单势孤，总败下阵来。

是看着电视剧《上海滩》长大的，里面黑社会的形象一度影响了我的价值观，于是开始团结四肢发达之辈与我为伙，打击另一批地痞无赖。

强中更有强中手。有时打击别人，有时也被别人打击。如同战争消灭不了战争，地痞消灭不了地痞，流氓消灭不了流氓一样，黑社会也灭不了黑社会。

结识了一些游手好闲、好逸恶劳的人做“朋友”。一起谈打架，谈女人，谈用冷漠威慑友善、用狡猾欺骗正义。若有人不劳而获，或赌博胜利，均为其庆祝。

那是危险的几年。一个年少的孩子，游荡于社会底层，被低级和无知侵害。幸好小时有读书的习惯，侥幸拐弯，走上光明之路。

后来奇怪，那时怎么没有社会主义核心价值观呢？把错的当对的，把对的当错的，把丢脸当荣耀，把无耻当辉煌，明显是价值观出了问题。

前几天，见一多年不见的女同学。是四十几岁的中年妇女了，在场的还有她几个闺蜜。听她们说喝酒、打牌和为了业务与男人假装亲密、实则欺骗而沾沾自喜，让我震撼，这不是少年时虚伪的我吗！

几人均是豪车、名包，谈时装品牌、化妆品优劣和欧洲旅游。那种神采飞扬特像我原来的小人得志。更令我惊叹的是，几人都支持“丈夫无用论”。有怨，有骂，有怒。有说与老公已冷战数月，难得独自欢乐，各不相干；有说与老公一年未亲热，因为其阳痿；有的竟然把老公打倒在地，用高跟鞋去踩……

突然，觉得我是女人，被几个野蛮的男人用语言调戏和侮辱。

我问她们幸福吗？

她们笑了。笑得极为爽朗。说自己有钱，可以吃喝玩乐，把孩子也送出国门，怎不幸福？

奇怪，没有男人的女人能幸福到哪去？

一直以为自己能力强，吃过苦，受过罪，经过辱，连地痞流氓和黑社会都不怕，还有什么可怕？但，这几个女人我真怕了。

【原文】

子曰：群居终日，言不及义，好行小慧，难矣哉！

【出处】

《论语 · 卫灵公第十五》

【大意】

孔子说：整天聚在一块，说的都是无聊的话题，没有一句是正经道理，还专好卖弄小聪明，这种人真是太难办了！

【用途】

请用心领悟“社会主义核心价值观”。

我邪恶的一天

刚出家门。见楼道内小广告：急急急，急卖房一套。

电话打过去，原来是房地产售楼员。还以为是二手房，捡个小便宜。问她，卖房就卖房，你急什么？她狡黠地笑，我不急，您能打电话吗！

抬头看天，没有乌鸦呀。一早就遇骗子。

走路上班。人行道花砖上贴着一妖娆、裸露女人相片，上写三个大字：包小姐。

包小姐，是利用男人好色心理诈骗的犯罪团伙。十米八米就是个诱人的图片。便绕着走，不去踩。是不敢踩，不愿踩，还是不屑踩，我也不知道。

接了仨电话。一个卖金币，一个卖成功学，还一个说我中了大奖。看了一条短信，应不是骚扰信息，显示“我终于找到你了”。以为是老朋友。读正文，又是卖房！顺便看微信，有个群发的莫名问候：天凉了，注意加衣服。穿衣服我能自理！

到单位。打开电脑，蹦出一串消息，谁离婚，谁怀孕，谁出轨，谁偷情，谁的艳照满天飞。还有点别的事吗！

看邮件，几封未读。一封开发票的，一封 MBA 招生的，一封中央邀请我座谈的。蒙谁呀！还有一封卖身救母的。说母亲病重，无钱医治，卖处女之身，3 万元可议。真贵！

开车出去办事。到路口停下，就有宣传单发过来。不容分说，有的贴在挡风玻璃，有的插在侧面车窗，若车窗开着，使劲一扔，恰到眼前。

听收音机。好多卖药的。说自从吃了那药，自己和老伴都特有劲，特来劲。什么乱七八糟的！

晚上到家。电视里好几个台都演着被篡改的宫廷剧，换个台，是大型的婚恋节目，一群美女让小伙子选。怎么看，都像在歌厅选陪唱小姐。莫非歌厅与电视台合作了？

十点睡觉。躺在床上，听窗外有人喝多酒呕吐，折腾半宿。

这就是我邪恶的一天。

【原文】

子曰：恶[①]紫之夺[②]朱[③]也，恶郑声[④]之乱雅乐[⑤]也，恶利口[⑥]之覆邦家者。

【出处】

《论语·阳货第十七》

【助读】

①恶：厌恶。

②夺：替代之意。

③朱：红色。

④郑声：郑国轻佻而淫乱的音乐。

⑤雅乐：周代京城正统而高雅的音乐。

⑥利口：强嘴利舌，能言善辩。覆：颠覆。

【大意】

孔子说：真可恶，紫色取代了红色的正统地位；真可恶，郑国靡靡之音搅乱了典雅的乐曲；真可恶，那些能言善辩的人使国家倾覆。

【用途】

生活里的隐形邪恶，比眼前的雾霾还可怕。

你不同意，没人侮辱得了你

1931 年，九一八事变后，东北沦陷。1895 年，甲午战争失败，北洋水师全军覆没，再加上南京大屠杀，以及济南的五三惨案等等劣行，日本人在中国作恶多端，烧杀奸淫无数。曾经罪孽滔天，如今蠢蠢欲动。中国人，该清醒，该自强了。

为什么我们过得好好的日子却被强盗来破坏呢？

孟子说，人必自侮，然后人侮之；家必自毁，而后人毁之；国必自伐，而后人伐之。

是因为曾经富裕的大清国，骄傲自满，独尊为大，一艘“定远舰”排水量 7000 多吨，开到日本访问，日本人没见过，惊呆了，好似一座小山，让人眼晕，当然也让日本人眼红、眼馋。

中国人也知道发展科技，而只修了 300 多公里铁路，便被老百姓和政府以破坏风水的名义拆除。当时的日本，早就蓄势待发，全民备战，勒紧裤腰带，发展战舰，发展工业，发展科技，铁路达到了 3000 多公里，几乎覆盖日本全境。

而，李鸿章向政府打报告要增加军费开支时，却被“国库不足”的理由挡了回来。实际，这些腐朽、腐败的家伙们，正在用 7000 万两白银修建颐和园，为慈禧筹办 60 大寿。

后来败了。向日本赔偿 2.3 亿两白银。自此，日本奠定了强大的经济基础，更增强了其烧杀抢夺的野心和野性。

民国期间，日本再度侵略中国。民不聊生、山河哭泣、天地悲歌，慈禧有责！

所以要富强。只富不强，定受欺凌。金玉满堂，谁能长守？所以要查贪官，打贪官，杀贪官。如若不然，日本再犯，谁是祸国殃民的凶手？

我们不希望有战争，但不害怕战争，不能不准备战争。作为国人，应有一份最起码的心意，做一个有责任，有勇气，有智慧，有力量，有道德的中国人。

勿忘国耻，勿忘九一八！

【原文】

子张曰：士见危致命①，见得思义，祭思②敬，丧思哀，其可已矣③。

【出处】

《论语・子张第十九》

【助读】

①致命：授命，舍弃生命。致：给予；献出。

②思：反省，考虑。祭思敬是说祭祀时想想严不严肃，下用法同。

③其可已矣：如能做到这些，就算可以了。

【大意】

孔子的学生子张说：士看见危难敢于献身，看见有所得就想到是否合乎道义，祭祀时要严肃，居丧时要悲哀，那也就可以了。

【用途】

还承认自己是中国人，就少在微信上转一些辱骂祖国的段子吧。你若不爱国，最少别害国。

有点错位

小时候。

以为元宵节就是吃汤圆，端午节就是吃粽子，中秋节就是吃月饼，过春节就是一家老小啥都吃。

长大了。

情人节送花，母亲节送礼，愚人节说瞎话，还想过万圣节，仔细一打听，原来是西方鬼节。算了吧，社会鬼够多了，酒鬼、赌鬼、懒鬼、色鬼、小气鬼一大堆！

又是一年圣诞节，铺天盖地问候多。

微信群发来不及看，电台、电视都放“铃儿响叮当”，商家早早就把圣诞树、圣诞老人打扮得又神圣、又怪诞。

似乎不觉中被洋节收买了。尤其圣诞。商家使出吃奶劲促销。大人孩子把圣诞节、平安夜挂在嘴边。有个朋友口头语是“他妈的”，见了面也改成“圣诞快乐”。

去年有人祝我“端午快乐”。吓一跳。端午节，是纪念屈原投汨罗江自尽殉国的日子。怎么能对一个忠肝义胆、以身殉职的烈士节日说快乐呢？我说你咋不说“清明节快乐”？

最初以为是商家不择手段搞乱人们的价值观。后来发现，不完全。有买卖才有杀戮。没人在圣诞兴奋、狂欢，哪有商家的开心一刻！

暖风熏得令人醉，直把中国当美国。

美国人特别希望中国人忘记自己节日，纵情西方节日。尼克松在《1999年：不战而胜》书里说，当有一天，中国的年轻人不再相信他们老祖宗的教导和他们的传统文化，我们美国人就不战而胜了……

不战而屈人之兵，是《孙子兵法》中战争取胜的最高境界，美国人学会了对付中国，有人却自投罗网，一个劲地往人家圈子里钻。你要是拦他，他还跟你急，说阻止他幸福的脚步。

美国电影《深夜加油站遇见苏格拉底》，剧中傲慢自大但天分过人的大学体操运动员，在某个夜晚，于加油站遇到一拥有神奇力量的神秘老头，这个老头对他进行神秘训练，帮助他实现了奥运冠军的梦想。

这情节如同看金庸武侠小说一样熟悉。看后总结，电影中谈的是道家无为和佛家虚空。

2010 年美国号召全国练习中国太极拳。一种幽默式的巧合，2011 年 8 月 8 日，国家体育总局正式发布第九套广播体操。

有点错位。

别说中国人没信仰。不认祖归宗，要信仰何用？有人狂妄而不正直，无知而不谨慎，表面上诚恳而不守信用。

怎么办呢？

【原文】

子曰：狂①而不直，侗②而不愿③，悾悾④而不信，吾不知之矣。

【出处】

《论语·泰伯第八》

【助读】

①狂：急躁、急进。

②侗（tóng）：幼稚无知。

③愿：谨慎、小心、朴实。

④悾（kōng）：同空，诚恳的样子。

【大意】

孔子说：狂妄而不正直，无知而不谨慎，表面上诚恳而不守信用，我真不知道有的人为什么会是这个样子。

【用途】

读国学吧，麻烦您了。

图书在版编目（CIP）数据

论语的力量／张建云著 .—济南 ：山东友谊出版社，2015.4（2017.4 重印）

ISBN 978-7-5516-0598-4

Ⅰ．①论… Ⅱ．①张… Ⅲ．①《论语》－人生哲学－通俗读物Ⅳ．① B222.2-49

中国版本图书馆 CIP 数据核字（2015）第 037444 号

责任编辑：周恩帅 张倩昱
装帧设计：马祥雨

主管单位：山东出版传媒股份有限公司
出版发行：山东友谊出版社
地　　址：济南市英雄山路 189 号　　邮政编码：250002
电　　话：出版管理部（0531）82098756
市场营销部（0531）82098035（传真）
印　　刷：山东省东营市新华印刷厂
版　　次：2015 年 4 月第 1 版
印　　次：2017 年 4 月第 4 次印刷
规　　格：170mm × 240mm
印　　张：15
字　　数：220 千字
定　　价：36.00 元
